GÉOGRAPHIE ÉLÉMENTAIRE,

A L'USAGE DES MAISONS D'ÉDUCATION,

SUIVIE

D'UN APERÇU SUR LES DIVERSES CONTRÉES DE L'EUROPE,

Troisième Édition,

CORRIGÉE ET CONSIDÉRABLEMENT AUGMENTÉE,

PAR M. F. DUPUY,

Membre correspondant de l'Institut historique de Paris, et Maître de Pension à Toulouse.

A TOULOUSE,

DE L'IMPRIMERIE DE J.-M. CORNE, AVOCAT,

RUE PARGAMINIÈRES, N.º 34.

1835.

G

GÉOGRAPHIE
ÉLÉMENTAIRE.

GÉOGRAPHIE ÉLÉMENTAIRE,

A L'USAGE DES MAISONS D'ÉDUCATION,

SUIVIE

D'UN APERÇU SUR LES DIVERSES CONTRÉES DE L'EUROPE,

TROISIÈME ÉDITION,

CORRIGÉE ET CONSIDÉRABLEMENT AUGMENTÉE,

PAR M. F. DUPUY,

Membre correspondant de l'Institut historique de Paris, et Maître de Pension à Toulouse.

A TOULOUSE,
DE L'IMPRIMERIE DE J.-M. CORNE, AVOCAT,
RUE PARGAMINIÈRES, N.° 84.

1835.

Les exemplaires voulus par la loi ont été déposés.

Toute contrefaçon sera poursuivie conformément aux lois.

PRIX : 1 franc.

AVERTISSEMENT.

Encouragé par le succès des deux premières éditions de ce petit Traité de Géographie, et voulant répondre à l'accueil favorable que le public a bien voulu lui accorder, nous en donnons aujourd'hui une nouvelle édition, à laquelle nous avons ajouté un aperçu sur l'Europe, assez étendu pour faire connaître la température, l'aspect et les productions des diverses contrées de cette partie du monde; les mœurs et les usages de ses habitans, et les époques les plus remarquables de leur histoire.

Cette nouvelle édition, (augmentée

de plus de cent pages), ne doit pas être confondue avec les précédentes, dans lesquelles nous n'avions donné que des notions élémentaires.

Bornant toujours nos prétentions à être utile, nous avons cru pouvoir nous aider, sans scrupule, de tout ce qui nous semblait bon dans les ouvrages publiés sur les mêmes matières. Notre ambition sera satisfaite, si nous parvenons à intéresser l'enfance, et à lui épargner des pleurs.

Cet abrégé de Géographie est divisé en deux parties. La première partie renferme trois chapitres : le premier chapitre comprend les notions préliminaires qu'il est indispensable de posséder pour étudier la Géographie : c'est, à proprement parler, *une étude préparatoire de la Mappemonde*. Le second chapitre donne un aperçu général des cinq parties du monde, l'Europe, l'Asie, l'Afrique, l'Amérique et l'Océanie : c'est *le complément de l'étude de la Mappemonde.* Le troisième chapitre renferme un abrégé de la sphère, et complète ainsi l'*étude élémentaire de la Géographie.*

La seconde partie, consacrée à l'Europe en particulier, renferme aussi trois chapitres, contrées du *nord*, contrées du *milieu* et contrées du *sud*. On y trouve, pour chacune de ces contrées, 1.º une notice historique ; 2.º les bornes, l'étendue et la situation ; 3.º la description générale du pays, son climat, son aspect et ses productions ; 4.º la population, les mœurs, les usages de ses habitans, leur religion, leurs villes principales, etc. etc.

Nous espérons que cette seconde partie sera lue avec intérêt, même par les personnes qui ont déjà quelques connaissances en géographie.

GÉOGRAPHIE ÉLÉMENTAIRE.

PREMIÈRE PARTIE.

ÉLÉMENS DE LA GÉOGRAPHIE.

CHAPITRE PREMIER.

NOTIONS PRÉLIMINAIRES.

ARTICLE PREMIER.

De la figure de la Terre; — des Cartes géographiques, — des quatre Points cardinaux.

§. PREMIER.

De la figure de la Terre.

D. Qu'est-ce que la Géographie ?

R. La Géographie est une science qui nous fait connaître le nom et la situation des divers lieux de la terre : le mot géographie, formé de deux mots grecs, signifie description de la terre.

D. Quelle est la figure de la terre ?

R. La terre est à peu-près ronde, et figure assez bien un globe : ce qui fait qu'on lui donne le nom de *Globe terrestre*. On la représente à l'aide d'une sphère ou d'un globe de carton, ou de toute autre matière.

D. Comment prouve-t-on que la terre est ronde ?

R. Ce qui prouve que la terre est ronde, c'est que les parties inférieures d'un vaisseau qui s'éloigne du rivage, semblent s'enfoncer dans la mer, tandis que l'on voit encore le haut du mât long-temps après que le corps du vaisseau a disparu.

D. Qu'entendez-vous par axe de la terre ?

R. L'axe de la terre est une ligne qui la traverse en passant par son centre, et sur laquelle on imagine que la terre tourne, comme une orange tournerait sur une aiguille qui la percerait d'outre en outre.

D. Qu'entendez-vous par pôles de la terre ?

R. Les pôles de la terre sont les deux points opposés auxquels aboutit l'axe de la terre.

D. Comment appelez-vous les deux pôles de la terre ?

R. L'un se nomme pôle arctique, et l'autre pôle antarctique.

D. D'où leur vient cette dénomination ?

R. Le pôle arctique a été ainsi nommé du mot grec *arctos*, qui signifie *ourse*, à cause d'une constellation ou groupe d'étoiles qui se trouve dans le ciel au-dessus de ce pôle, et qu'on désigne sous le nom d'ourse. Le mot antarctique signifie opposé à l'ourse.

§. II.

Des Cartes géographiques.

D. Comment connaît-on la situation et la figure des divers lieux de la terre ?

R. Par le moyen des sphères ou globes dont nous avons parlé, et des cartes géographiques.

D. Qu'entendez-vous par cartes géographiques ?

R. Les cartes géographiques sont des dessins qui représentent la surface du globe terrestre en tout ou en partie.

D. Quelles sont les principales cartes géographiques ?

R. Les principales cartes géographiques sont, la mappemonde, les cartes générales et les cartes particulières.

D. Qu'est-ce que la mappemonde ?

R. La mappemonde, qu'on appelle aussi *Planisphère*, est une carte qui représente la surface du globe terrestre, coupée en deux hémisphères ou moitiés de sphère.

D. Qu'appelez-vous cartes générales ?

R. Les cartes générales sont celles qui représentent une des principales parties du monde, comme l'Europe ; ou un grand état, comme la France.

D. Qu'appelez-vous cartes particulières ?

R. Les cartes particulières sont celles qui représentent une province, comme le Languedoc ; ou un département, comme celui de la Haute-Garonne.

§. III.

Des quatre Points cardinaux.

D. Que doit-on d'abord considérer sur toute carte géographique ?

R. On doit considérer sur toute carte géographique, les quatre points cardinaux ; savoir,

Le nord ou septentrion ;
Le sud ou midi ;

L'est, orient ou levant ;
L'ouest, occident ou couchant (1).

D. Où sont ordinairement placés ces points sur les cartes géographiques ?

R. Le nord est au haut de la carte, le sud au bas, l'est à droite, l'ouest à gauche.

D. Les quatre points cardinaux sont-ils les seuls points que l'on remarque sur toute carte géographique ?

R. Entre les quatre points cardinaux se placent, en plus ou moins grand nombre, d'autres points que l'on nomme intermédiaires.

D. Quels sont les principaux points intermédiaires ?

R. Les principaux points intermédiaires sont,
1.° Le nord-est, entre le nord et l'est ;

―――――――――――

(1) Pour exercer les enfans à bien connaître les quatre points cardinaux, il serait bon, à l'exemple de M. l'abbé Gauthier, de placer un jeton sur chacun de ces points. Si l'un d'eux enlève, sans hésiter, le jeton qui couvre le point demandé, il a droit à une petite récompense ; s'il se trompe, et qu'il soit repris, il doit un jeton au maître, ou à celui de ses condisciples qui l'aura redressé. On peut en faire autant dans toutes les parties de ce petit Traité. Il est inutile d'observer que les enfans ne devront jamais réciter sans avoir la mappemonde sous les yeux, afin qu'ils puissent indiquer tout ce qui se trouve dans leur leçon.

2.° Le nord-ouest, entre le nord et l'ouest;
3.° Le sud-est, entre le sud et l'est;
4.° Le sud-ouest, entre le sud et l'ouest.

D. Qu'entendez-vous par s'orienter?

R. C'est reconnaître l'orient, et, par suite, les autres points cardinaux.

D. Comment s'oriente-t-on en pleine campagne?

R. Il faut se tourner vers le lieu où le soleil paraît se lever : on a alors l'orient devant soi, l'occident derrière, le midi à droite et le septentrion à gauche.

D. Comment s'oriente-t-on pendant la nuit?

R. Il faut tâcher de découvrir une étoile assez brillante, située près du pôle arctique, et que l'on nomme étoile polaire : en la regardant, on a le nord devant soi, le sud derrière, l'est à droite et l'ouest à gauche.

D. Comment peut-on découvrir l'étoile polaire?

R. Pour découvrir l'étoile polaire, il suffit de jeter les yeux sur les sept étoiles que le vulgaire nomme le chariot de David, et que les astronomes appellent la grande ourse. On tire ensuite une ligne par les deux étoiles les plus éloignées de la queue de l'ourse, et cette ligne, prolongée du côté de l'étoile supérieure, passera tout près de l'étoile polaire, comme on peut le voir dans la figure suivante.

P

Queue de l'Ourse.

ARTICLE II.

Des principaux Cercles de la Mappemonde ; — des Zones ; — de la Latitude et de la Longitude.

§. PREMIER.

Des principaux Cercles de la Mappemonde.

D. Combien distingue-t-on de sortes de cercles ?

R. On distingue deux sortes de cercles, les grands cercles et les petits cercles.

D. Qu'appelez-vous grands cercles ?

R. Les grands cercles sont ceux qui divisent la mappemonde en deux parties égales.

D. Qu'appelez-vous petits cercles ?

R. Les petits cercles sont ceux qui divisent la mappemonde en deux parties inégales.

D. En combien de parties se divise chaque cercle ?

R. Tout cercle se divise en 360 parties, qu'on appelle degrés.

D. Les degrés d'un même cercle sont-ils égaux entr'eux ?

R. Les degrés d'un même cercle sont tous égaux entr'eux; mais ils peuvent être plus ou moins grands, selon qu'ils appartiennent à un cercle plus ou moins grand.

D. Quels sont les principaux cercles de la mappemonde?

R. Les principaux cercles de la mappemonde, sont, l'*équateur*, le *méridien*, les deux *tropiques* et les deux cercles *polaires*.

D. Qu'est-ce que l'équateur?

R. L'équateur est un grand cercle qui divise la mappemonde en deux parties égales, l'une septentrionale, et l'autre méridionale.

D. Ne donne-t-on pas à ce cercle un autre nom?

R. Ce cercle est aussi appelé ligne équinoxiale, parce que quand le soleil se trouve au-dessus, ce qui arrive deux fois l'année (1), les jours sont égaux aux nuits.

D. Qu'est-ce que le méridien?

R. Le méridien est un grand cercle qui partage la mappemonde en deux parties égales, l'une orientale, et l'autre occidentale.

D. D'où lui vient cette dénomination?

___
(1) Le premier jour du printemps, 20 Mars; et le premier jour de l'automne, 22 Septembre.

R. Ce cercle est appelé *méridien*, parce qu'il détermine, pour tous les lieux où il passe, le milieu du jour ou l'heure de midi, en latin *meridies*.

D. Qu'appelez-vous tropiques ?

R. Les tropiques sont deux petits cercles parallèles à l'équateur, dont ils sont éloignés de 23 degrés et demi, l'un vers le nord, l'autre vers le sud.

D. Que veut dire le mot tropique ?

R. Le mot tropique vient d'un mot grec qui signifie tourner, parce que quand le soleil, dans sa marche annuelle, est parvenu à l'un de ces cercles, il s'en retourne vers l'autre.

D. Par quels noms distingue-t-on l'un de l'autre les deux tropiques ?

R. Celui qui est du côté du nord se nomme tropique du Cancer, et l'autre, qui est du côté du sud, s'appelle tropique du Capricorne.

D. D'où leur vient cette dénomination ?

R. Les noms donnés aux deux tropiques viennent de deux constellations vis-à-vis desquelles le soleil se trouve, par rapport à nous, quand il est arrivé à chacun de ces cercles.

D. Qu'appelez-vous cercles polaires?

R. Les cercles polaires sont deux petits cercles parallèles à l'équateur, aussi-bien que les tropiques, et situés plus près des pôles, dont ils sont éloignés de 23 degrés et demi.

D. Par quels noms les distingue-t-on l'un de l'autre?

R. Celui qui est situé au nord s'appelle cercle polaire *arctique*, et celui qui est au sud se nomme cercle polaire *antarctique*.

D. Ne remarque-t-on pas sur les cartes d'autres cercles parallèles à l'équateur?

R. Sans doute, on peut supposer, et l'on trace d'ordinaire sur les cartes, d'autres cercles que les tropiques et les cercles polaires, également parallèles à l'équateur ; mais ces petits cercles intermédiaires n'ont pas des noms particuliers, et sont uniquement connus sous la dénomination générale de *parallèle*.

§. II.
Des Zones.

D. Qu'entendez-vous par zones?

R. On entend par zones, les espaces circulaires compris entre les principaux cercles parallèles à l'équateur.

D. Combien distingue-t-on de zones ?

R. On distingue cinq zones ; savoir, une zone torride, deux zones tempérées et deux zones glaciales.

D. Quelle est la situation de ces différentes zones ?

R. La zone torride est comprise entre les deux tropiques, et partagée par l'équateur ;

La zone tempérée septentrionale, entre le cercle polaire arctique et le tropique du Cancer ;

La zone tempérée méridionale, entre le cercle polaire antarctique et le tropique du Capricorne ;

La zone glaciale septentrionale, entre le pôle arctique et le cercle polaire correspondant ;

La zone glaciale méridionale, entre le pôle antarctique et le cercle polaire correspondant.

§. III.

De la Latitude et de la Longitude.

D. Comment détermine-t-on la position des divers lieux de la terre ?

R. On détermine la position des divers lieux de la terre, par le moyen de la latitude et de la longitude.

D. Qu'entendez-vous par latitude?

R. On entend par latitude, la distance d'un lieu à l'équateur.

D. Comment compte-t-on la latitude?

R. La latitude se compte depuis l'équateur jusqu'au lieu dont on veut déterminer la position.

D. Comment divise-t-on la latitude?

R. On divise la latitude, en latitude septentrionale, de l'équateur au pôle arctique, et en latitude méridionale, de l'équateur au pôle antarctique.

D. Où se marquent les degrés de latitude?

R. Les degrés de latitude se marquent sur le premier méridien, dans la mappemonde, et sur les deux côtés, dans les autres cartes.

D. Combien de lieues renferme chaque degré de latitude?

R. Chaque degré de latitude renferme 25 lieues communes de France.

D. Qu'entendez-vous par longitude?

R. On entend par longitude, la distance d'un lieu au premier méridien convenu.

D. Comment compte-t-on la longitude?

R. La longitude se compte depuis le premier méridien convenu, jusqu'au lieu dont on veut déterminer la position.

D. Comment divise-t-on la longitude ?

R. On divise la longitude, en longitude orientale, depuis le premier méridien jusqu'au 180.ᵉ degré vers l'orient, et en longitude occidentale, depuis le premier méridien jusqu'au 180.ᵉ degré vers l'occident.

D. Où se marquent les degrés de longitude ?

R. Les degrés de longitude se marquent sur l'équateur, dans la mappemonde, et sur le haut et le bas, dans les autres cartes.

D. Les degrés de longitude sont-ils égaux à ceux de latitude ?

R. Les degrés de longitude ne sont égaux à ceux de latitude que sous l'équateur ; car ils diminuent de longueur à proportion qu'on avance vers les pôles, où ils se réduisent à zéro.

ARTICLE III.

Des termes généraux qui appartiennent à la Terre ; — des termes généraux qui appartiennent à l'Eau.

§. PREMIER.

Termes généraux qui appartiennent à la Terre.

D. De quoi se compose la surface du globe terrestre ?

R. La surface du globe terrestre se compose de terre et d'eau, de manière cependant que l'eau en occupe à peu-près les deux tiers.

D. Quels sont les termes généraux dont on se sert pour exprimer les diverses parties de la terre ?

R. Les termes généraux dont on se sert pour exprimer les diverses parties de la terre, sont ceux de continent, île, presqu'île, isthme, cap, côte, montagne, etc.

D. Qu'est-ce qu'un continent ?

R. Un continent, qu'on appelle aussi terre ferme, est une vaste étendue de terre comprenant plusieurs régions qui ne sont pas séparées par des mers : l'Europe est un continen

D. Qu'est-ce qu'une île ?

R. Une île est une portion de terre environnée d'eau de tout côté : la Sicile, au sud de l'Europe, est une île.

D. Qu'est-ce qu'une presqu'île ?

R. Une presqu'île ou péninsule (*cherso-nèse*) (1), est une portion de terre entourée d'eau, excepté d'un côté, par lequel elle est jointe à une autre terre : la Morée (*Péloponése*) au sud de la Turquie d'Europe, est une presqu'île.

D. Qu'est-ce qu'un isthme ?

R. Un isthme est une langue de terre resserrée entre deux mers, et qui unit deux continens ensemble, ou une presqu'île à un continent, comme l'isthme de Suez, qui joint l'Asie à l'Afrique, et l'isthme de Corinthe, qui joint la Morée au reste de la Grèce.

D. Qu'est-ce qu'un cap ?

R. Un cap (*promontoire*) est une pointe de terre élevée qui s'avance dans la mer,

---

(1) Les mots entre deux parenthèses, et en lettres italiques, désigneront les mots anciens.

comme le cap de Bonne-Espérance, au sud de l'Afrique.

D. Qu'entendez-vous par côtes ?

R. On entend par côtes la partie de la terre qui est baignée par la mer, comme les côtes que baignent la Méditerranée en Europe et en Afrique.

D. Qu'entendez-vous par montagne, pic, volcan?

R. Une montagne est une masse de terre ou de roche qui s'élève sur la surface du globe, comme les Pyrénées entre l'Espagne et la France : on lui donne le nom de pic quand elle est très-élevée, et que le sommet se termine en pointe, et celui de volcan quand elle vomit des flammes.

D. Qu'appelez-vous chaîne de montagnes?

R. On appelle chaîne de montagnes la réunion d'un grand nombre de montagnes qui occupent une étendue considérable.

§. II.

Termes généraux qui appartiennent à l'Eau.

D. Quels sont les termes généraux dont on se sert pour exprimer les diverses parties de l'eau ?

R. Les termes généraux dont on se sert

pour exprimer les diverses parties de l'eau, sont ceux d'océan, mer, archipel, golfe, détroit, lac, rivière, etc.

D. Qu'entendez-vous par océan?

R. On entend par océan une vaste étendue d'eau, dont la communication n'est pas interceptée par des terres: tel est l'Océan atlantique.

D. Qu'entendez-vous par mer?

R. On donne le nom de mer à différentes parties d'un océan qui avoisinent les terres: telle est la mer des Indes, au sud de l'Asie.

D. Qu'est-ce qu'un archipel?

R. Un archipel est une étendue de mer entrecoupée d'îles: tel est l'archipel de la Grèce, dans la mer Méditerranée.

D. Qu'entendez-vous par golfe, baie et anse?

R. Un golfe est une avance considérable de mer dans les terres: tel est le golfe de Gascogne, dans l'Océan atlantique. On l'appelle aussi quelquefois baie; cependant une baie est ordinairement de moindre étendue qu'un golfe. Lorsque c'est un très-petit golfe, il prend le nom d'anse, et celui de rade s'il sert à abriter les vaisseaux.

D. Qu'est-ce qu'un détroit?

R. Un détroit (*bosphore*), qu'on appelle aussi quelquefois pas, canal, et rarement phare, est une portion de mer resserrée entre deux terres, et qui joint deux bassins ensemble : tel est le détroit de Gibraltar, entre l'Europe et l'Afrique.

D. Qu'est-ce qu'un lac ?

R. Un lac est une étendue d'eau dormante qui est entourée de terre de tout côté : tel est le lac de Genève, en Suisse.

D. Qu'entendez-vous par rivière et par fleuve ?

R. Une rivière est une eau de source qui coule toujours jusqu'à ce qu'elle se jette dans une autre rivière ou dans la mer ; dans ce dernier cas, on l'appelle ordinairement fleuve : telle est la Seine, qui se jette dans l'Océan atlantique.

D. Qu'entendez-vous par la source, le confluent, l'embouchure d'une rivière ?

R. La source d'une rivière est l'endroit où elle prend son origine ; le confluent, l'endroit où elle se joint à une autre rivière ou à un fleuve ; l'embouchure, l'endroit où un fleuve se jette dans la mer.

D. Qu'entendez-vous par le haut et le bas d'une rivière ?

R. Le haut d'une rivière est l'endroit le plus voisin de sa source, et le bas, l'endroit le plus près de son embouchure.

D. Qu'entendez-vous par la droite et la gauche d'une rivière?

R. La droite d'une rivière est le côté qui se trouve à la droite de celui qui descend en suivant le cours de cette rivière, et la gauche, le côté qui se trouve à sa gauche.

ARTICLE IV.

Des grandes divisions de la Terre ; — des grandes divisions de l'Eau.

§. PREMIER.

Grandes divisions de la Terre.

D. Comment divise-t-on la terre ?

R. On divise la terre en deux grands continens; savoir, l'ancien continent ou ancien monde, et le nouveau continent ou nouveau monde.

D. D'où leur vient cette dénomination ?

R. L'ancien continent a été ainsi nommé,

parce qu'il est très-anciennement connu par les peuples dont nous descendons ; et le nouveau continent est ainsi appelé, parce qu'il n'a été découvert par les Européens qu'à la fin du quinzième siècle.

D. Combien de parties renferme chacun des deux grands continens ?

R. L'ancien continent renferme trois parties, l'Europe, l'Asie et l'Afrique. Le nouveau continent comprend l'Amérique.

D. Montrez-nous la situation de ces quatre parties du monde ?

R. Les quatre parties du monde sont situées comme on le voit dans le tableau suivant.

	NORD.	
OUEST. AMÉRIQUE.	EUROPE. ASIE. AFRIQUE.	EST.
	SUD.	

D. Ne distingue-t-on pas une cinquième partie du monde, outre les quatre que vous venez d'indiquer ?

R. Suivant les géographes modernes, la Nouvelle-Hollande, qui est une grande île située au sud de l'Asie, et quelques îles plus petites qui l'avoisinent, forment une cinquième partie du monde, désignée sous le nom d'Océanie.

§. II.

Grandes divisions de l'Eau.

D. Comment divise-t-on l'eau qui occupe les deux tiers de la surface du globe terrestre ?

R. On divise l'eau qui occupe les deux tiers de la surface du globe terrestre, en deux bassins principaux ; savoir,

1.º Le grand Océan, ou Océan pacifique, improprement appelé mer du Sud, compris entre les côtes orientales de l'ancien continent et les côtes occidentales du nouveau ;

2.º L'Océan atlantique, compris entre les côtes occidentales de l'ancien continent et les côtes orientales du nouveau.

D. Ne donne-t-on pas des noms particuliers aux différentes parties de ces deux Océans ?

R. Ces deux Océans prennent différens noms selon les côtes qu'ils baignent. Nous les indiquerons en parlant de chaque partie du monde.

D. Ne divise-t-on pas d'une autre manière l'eau qui occupe la surface du globe terrestre ?

R. On divise encore l'eau qui occupe la surface du globe terrestre, en mer extérieure et en mers intérieures.

D. Qu'entendez-vous par mer extérieure ?

R. La mer extérieure est celle qui environne les continens.

D. Comment divise-t-on la mer extérieure ?

R. La mer extérieure se divise en quatre grandes mers :

1.° Le grand Océan ;

2.° L'Océan atlantique ;

3.° La mer des Indes (*Erythrée*), à l'est de l'Afrique et au sud de l'Asie ;

4.° Les deux mers glaciales au nord et au sud des deux continens, et qui sont désignées sous le nom de mer glaciale arctique, et de mer glaciale antarctique.

D. Qu'entendez-vous par mers intérieures ?

R. Les mers intérieures sont celles qui sont situées ou qui entrent dans les terres.

D. Quelles sont les principales mers intérieures ?

R. Les principales mers intérieures sont,

1.° En Europe, la mer Blanche, au nord de la Russie ; la mer Baltique, entre la Suède et la Russie, et la mer Méditerranée, entre l'Europe et l'Afrique ;

2.º En Asie, la mer Rouge, entre l'Afrique et l'Asie ; le golfe Persique, au sud-ouest de l'Asie, et la mer Caspienne, dans l'intérieur ;

3.º En Amérique, la baie de Baffin et la baie d'Hudson, au nord-est de l'Amérique, et le golfe du Mexique, qui divise l'Amérique en Amérique septentrionale et en Amérique méridionale.

D. Quelles sont les mers qui dépendent de la Méditerranée ?

R. Les mers qui dépendent de la Méditerranée sont,

1.º Le golfe de Venise, (mer *Adriatique*) ;
2.º La mer du Levant, (mer *Carpathienne*) ;
3.º L'archipel, *mer Egée*) ;
4.º La mer de Marmara, (*Propontide*) ;
5.º La mer Noire, (*Pont-Euxin*) ;
6.º La mer d'Azof ou de Zabache, (*Palus méotides.*)

CHAPITRE SECOND.

APERÇU GÉNÉRAL SUR LES CINQ PARTIES DU MONDE.

ARTICLE PREMIER.

Aperçu général sur l'Europe.

D. Dites-nous ce que les anciens connaissaient de l'Europe.

R. L'Europe était la partie de l'ancien monde la plus généralement connue des anciens; cependant ils ne connaissaient bien de l'Europe que la partie méridionale et l'occidentale, qui étaient comprises dans l'empire romain. Ils avaient quelques notions de la partie du milieu; mais la partie septentrionale et l'orientale leur étaient absolument inconnues.

D. Faites-nous connaître ce qu'est aujourd'hui l'Europe.

R. L'Europe, quoique la moins étendue des cinq parties du monde, est la plus considérable, tant par le nombre de ses villes et la politesse de ses habitans, que parce qu'elle est le centre des arts, des sciences, de la civilisation et du commerce.

Comprise à peu près dans la zone tempérée, elle ne ressent point les extrêmes du chaud et du froid, comme les autres parties du monde.

Son terroir, naturellement fertile, et arrosé par un grand nombre de rivières, offre des ressources dont l'homme a profité en portant l'agriculture à sa perfection. En un mot, l'Europe se suffit à elle-même, étant abondamment pourvue d'hommes, et produisant tout ce qu'on peut désirer pour les besoins et les commodités de la vie.

D. Quelles sont les bornes de l'Europe ?

R. L'Europe est bornée au nord (1), par

---

(1) L'ordre géographique que l'on suivra dans ce petit Traité, sera toujours du nord au sud ; de même, pour la division des états, on suivra la position géographique, sans avoir égard à leur importance, afin que les enfans n'aient qu'à lire, pour ainsi dire, sur leur carte. Il serait à désirer que les élèves composassent eux-mêmes les cartes des cinq parties de monde.

la mer Glaciale; au sud, par la mer Méditerranée; à l'est, par l'Asie, dont la séparent les monts Ourals (*Hyperboréens* ou *Riphées*), la mer Caspienne, le mont Caucase et la mer Noire; et à l'ouest, par l'océan atlantique.

D. Quelle est la situation de l'Europe?

R. L'Europe est située entre le 36.e et le 72.e degrés de latitude septentrionale, et entre le 13.e degré de longitude occidentale et le 60.e de longitude orientale.

D. Quelle est l'étendue de l'Europe?

R. L'Europe a quinze cents lieues de longeur de l'est à l'ouest, sus neuf cents de largeur du nord au sud.

D. Quelle est la population de l'europe?

R. La population de l'Europe peut être évaluée à deux cents millions d'habitans.

D. Faites-nous connaître les qualités physiques et morales des Européens.

R. Les Européens sont généralement bien faits, adroits, spirituels, courageux et polis; ils excellent dans les arts et les sciences, et surtout dans la navigation et la discipline militaire.

D. Quelle est la religion dominante en Europe ?

R. La religion chrétienne est la dominante en Europe, si l'on excepte la Turquie, qui suit la religion de Mahomet.

D. En combien de parties divise-t-on l'Europe ?

R. On divise l'Europe en quinze parties ; quatre au nord, sept au milieu et quatre au sud.

D. Nommez les quatre parties du nord, avec leurs villes principales.

R. Les quatre parties du nord sont,

1.° Les Etats Suédois (*Scandinavie*), comprenant la Suède, capitale Stockolm, la Norwège, capitale Christiania,

2.° Les îles Britanniques, renfermant les trois royaumes d'Angleterre (*Bretagne*), capitale Londres ; d'Ecosse (*Scotie*), capitale Edimbourg ; d'Irlande (*Hibernie*), capitale Dublin ;

3.° Le Danemarck, (*Chersonèse Cimbrique*), capitale Copenhague, dans une île ;

4.° La Russie (*Sarmatie*) ; villes principales (1), Saint-Pétersbourg, Moscou.

―――――

(1) Lorsque nous indiquerons plusieurs villes, la première devra toujours être regardée comme la capitale du lieu.

D Nommez les sept parties du milieu, avec leurs villes principales.

R. Les sept parties du milieu sont,

1.º Le royaume des Pays-Bas (*Batavie*) : villes principales, la Haye, Amsterdam, Bruxelles ;

2.º L'Allemagne ou Confédération Germanique (*Germanie*) ; capitale Francfort-sur-le-Mein ;

3.º La Prusse (*Germanie*) ; villes principales, Berlin, Kœnisberg ;

4.º La Pologne (1) (*Sarmatie*) ; villes principales, Varsovie, Cracovie, Wilna ;

5.º La France (*Gaule*), capitale Paris ;

6.º La Suisse (*Helvétie*) ; villes principales, Berne, Bâle, Genève ;

7.º L'empire d'Autriche, comprenant l'Autriche (*Rhétie*), capitale Vienne ; la Bohème (*Rhétie*), capitale Prague ; la Hongrie (*Pannonie*), capitale Presbourg.

D. Nommez les quatre parties du sud, avec leurs villes principales.

R. Les quatre parties du sud sont,

---

(1) La Pologne, sur la fin du dernier siècle, a cessé de former un Etat indépendant ; elle a été démembrée, et partagée entre l'Autriche, la Russie et la Prusse.

1.º La Turquie d'Europe (*Grèce*), capitale Constantinople;

2.º L'Italie, comprenant plusieurs Etats; villes principales, Rome, Naples, Turin;

3.º L'Espagne, capitale Madrid;

4.º Le Portugal (*Lusitanie*), capitale Lisbonne.

D. Indiquez les principales montagnes et les principaux volcans de l'Europe.

R. Les principales montagnes de l'Europe sont,

1.º Les Dofrines ou Alpes Scandinaves, entre la Suède et la Norwège;

2.º Les monts Ourals ou Poyas (*Hyperboréens* ou *Riphées*), qui séparent l'Europe de l'Asie;

3.º Les monts Karpacs ou Carpathiens, entre la Russie et la Hongrie;

4.º Les Alpes, entre la France, l'Allemagne et l'Italie;

5.º Le mont Balkan (*Hæmus*), qui divise la Turquie d'Europe en deux parties, l'une septentrionale et l'autre méridionale;

6.º L'Apennin, qui partage l'Italie dans toute sa longueur;

7.º Les Pyrénées, entre la France et l'Espagne.

Il y a de plus, en Europe, trois volcans fameux, le mont Hécla, en Islande, le mont Ethna ou Gibel, en Sicile, et le Vésuve, près de Naples.

D. Quels sont les principaux lacs de l'Europe ?

R. Les principaux lacs de l'Europe sont,

1.º En Suède, le lac Wener ;

2.º En Russie, les lacs Ladoga et Onéga ;

3.º En Suisse, le lac de Constance au nord-est, et celui de Genève au sud-ouest ;

4.º En Italie, le lac Majeur, au nord de l'Italie, et celui de Pérouse (*Trasimène*), au centre.

D. Indiquez les principales mers intérieures et les principaux golfes de l'Europe.

R. Les principales mers intérieures et les principaux golfes de l'Europe, sont,

1.º Dans la mer Glaciale, la mer Blanche ;

2.º Dans l'Océan atlantique, la mer du Nord ; la mer Baltique, formant le golfe de Bothnie et celui de Finlande ; la mer d'Irlande ou canal de Saint-Georges, entre l'Irlande et l'Angleterre ; la Manche, entre l'Angleterre et la France ; le golfe de Gascogne, entre la France et l'Espagne ; la mer Méditerranée, avec ses dépendances indiquées dans le premier chapitre : elle forme le golfe de Lyon, au sud de la France ; le golfe de Gênes, au nord-ouest de l'Italie ; celui de Tarente, au sud-est, et celui de Venise, au nord-est ; le golfe de Lépante, entre la Morée et la Livadie, et celui de Salonique, dans l'archipel.

D. Quels sont les principaux fleuves de l'Europe ?

R. On peut remarquer en Europe vingt fleuves principaux, que nous classerons par rapport aux différentes contrées où ils prennent leur source.

1.º En Russie, le Volga (*Rha* ou *Lycus*) prend sa source entre Saint-Pétersbourg et Moscou, et se jette, par plusieurs embouchures, dans la mer Caspienne ; le Don (*Tanaïs*) sort d'un lac, dans le gouvernement de Toula, et a son embouchure dans la mer d'Asof ; le Dnièper (*Borysthène*) prend sa source à l'ouest de Moscou, et a son embouchure dans la mer Noire.

2.º En Angleterre, la Tamise prend sa source dans la province de Glocester, et se jette dans la mer du Nord.

3.º En Allemagne, l'Elbe (*Albis*) prend sa source sur les confins de la Bohème, et a son embouchure dans la mer du nord ; le Danube (*Ister*) sort de la forêt Noire, dans le Wurtemberg, et se jette dans la mer Noire par plusieurs embouchures.

4.º En France, la Seine (*Sequana*) prend sa source près de Saint-Seine, dans le département de la Côte-d'Or, et a son embouchure dans la Manche; la Loire (*Liger*) a sa source au mont Gerbier, dans les Cévennes, et son embouchure dans l'Océan atlantique; la Garonne (*Garumna*) a sa source dans la vallée d'Aran, aux Pyrénées, et son embouchure dans l'Océan atlantique.

5.º En Suisse, le Rhin (*Rhenus*) prend sa source au pied du mont Adule, dans les Alpes, et se jette dans la mer du nord par plusieurs embouchures; le Rhône (*Rhodanus*) sort du mont Furca, dans les Alpes, et se jette dans la mer Méditerranée par plusieurs embouchures.

6.º En Autriche, l'Oder (*Odera*) prend sa source dans les monts Karpacs, et se jette dans la mer Baltique par trois embouchures; la Vistule (*Vistula*) sort des mêmes montagnes, et se jette dans la même mer.

7.º En Italie, le Pô (*Eridanus*) prend sa source au Piémont, sur les frontières de France, et se jette dans le golfe de Venise; le Tibre (*Tiberis*) a sa source dans l'Apennin, et son embouchure dans la mer Méditerranée.

8.º En Espagne, l'Ebre (*Iber*) a sa source dans les montagnes des Asturies, et son embouchure dans la mer Méditerranée; le Douro (*Durius*) prend sa source dans la Vieille-Castille, et se jette dans l'Océan atlantique; le Tage (*Tagus*) prend sa source sur les confins de l'Aragon, et a son embouchure dans l'Océan atlantique; la Guadiana (*Anas*) sort de la Sierra-Moréna, dans la Nouvelle-Castille, et se jette dans l'Océan atlantique; le Guadalquivir (*Bétis*) sort de la Sierra-Moréna, dans la Manche, et se jette dans l'océan atlantique.

D. Quelles sont les principales presqu'îles de l'Europe?

R. Les principales presqu'îles de l'Europe sont au nombre de huit, quatre grandes et quatre petites. Les quatre grandes sont,

1.° La Suède et la Norwège composant les Etats Suédois;

2.° La péninsule Ibérique, renfermant l'Espagne et le Portugal;

3.° L'Italie, qui a la figure d'une botte;

4.° La Turquie d'Europe.

Les quatre petites sont,

1.° Le Jutland (*Chersonèse Cimbrique*), à l'entrée de la mer Baltique;

2.° La Morée (*Péloponèse*), dans la mer Méditerranée;

3.° (*La Chersonèse de Thrace*), entre la mer de l'archipel et la mer de Marmara;

4.º La Crimée (*Chersonèse Tauriquê*), au nord de la mer Noire.

D. Quels sont les principaux isthmes de l'Europe ?

R. Les principaux isthmes de l'Europe sont,

1.º L'isthme de Corinthe, qui joint la Morée à la Turquie d'Europe ;

2.º L'isthme d'Or ou de Pérécop, qui unit la Crimée à la Russie d'Europe.

D. Quels sont les principaux caps de l'Europe ?

R. Les principaux caps de l'Europe sont,

1.º Le cap Nord, qui forme la pointe septentrionale de l'Europe ;

2.º Le cap Finistère, à la pointe la plus occidentale de l'Espagne ;

3.º Le cap Saint-Vincent, à l'angle sud-ouest du Portugal ;

4.º Le cap Matapan (*promontoire de Ténare*), au sud de la Morée.

D. Quels sont les principaux détroits de l'Europe ?

R. Les principaux détroits de l'Europe sont,

1. Le détroit du Sund, entre la Suède et le Danemarck ;

2.º Le Pas-de-Calais, entre la France et l'Angleterre ;

3.° Le détroit de Gibraltar, qui sépare l'Europe de l'Afrique, entre les deux montagnes autrefois appelées Calpé et Abyla, ou Colonnes d'Hercule,

4.° Le phare de Messine, entre la Sicile et l'Italie, fameux autrefois par les écueils de Scylla et de Charibde;

5.° (L'*Euripe*), entre l'île de Négrepont et la Livadie, en Grèce;

6.° Le détroit des Dardanelles ou de Gallipoli (*Hellespont*), qui joint l'archipel de Grèce à la mer de Marmara;

7.° Le détroit de Constantinople (*bosphore de Thrace*), entre la mer de Marmara et la mer Noire;

8.° Le détroit de Caffa ou d'Iénikale (*bosphore Cimmérien*), entre la mer Noire et la mer d'Asof.

D. Quelles sont les principales îles de l'Europe?

R. Les principales îles de l'Europe sont:

1.° Dans la mer Baltique, les îles de Séeland et de Fionie;

2.° Dans l'Océan atlantique, l'Islande (*Thulé*) et les îles Britanniques;

3.° Dans la mer Méditerranée, les îles Majorque, Minorque et Iviça (*Baléares*); la Corse, la Sardaigne, la Sicile, avec les îles qui l'avoisinent, célèbres chez les anciens;

l'île de Malte (*Melita*); les îles Ioniennes; Candie (*Crète*), célèbre par le mont *Ida*, et les îles de l'archipel de la Grèce, dont les plus célèbres sont, Négrepont (*Eubée*), Delos, Paros, Naxos, etc., autrefois connues sous le nom de Cyclades.

ARTICLE II.

Aperçu général sur l'Asie.

D. Dites-nous ce que les anciens connaissaient de l'Asie.

R. Les anciens connaissaient à peine la moitié de l'Asie : la partie septentrionale et l'orientale leur étaient absolument inconnues; ils ignoraient même qu'elles fussent terminées par la mer. Ils ne connaissaient du côté de l'orient que jusqu'à l'Indus, du temps d'Alexandre.

D. Faites-nous connaître ce qu'est aujourd'hui l'Asie.

R. L'Asie est la plus grande des trois parties de notre continent, et ce n'est pas le seul avantage qu'elle ait sur les autres parties du monde habité. L'Asie est regardée comme le berceau du monde ; c'est en Asie que le premier homme a été créé, et c'est de l'Asie que sont venues les différentes colonies qui ont peuplé le reste de l'univers. Elle a été le siége des plus anciennes monarchies, des Assyriens, des Mèdes, des Perses et des Parthes. Elle a eu la gloire de donner naissance à notre divin Rédempteur. C'est elle enfin qui a transmis aux autres peuples les arts et les sciences, et ensuite la religion chrétienne.

L'Asie, si l'on en excepte les bords de l'Océan glacial arctique, ainsi que les parties voisines des fleuves qui arrosent ce continent, ne présente à l'œil que des montagnes escarpées ou des plaines très-élevées. Ses régions intérieures offrent tantôt des déserts sablonneux, tantôt de vastes espaces appelés *Steppes*.

La température très-inégale provient de la nature du sol. Ces différences de climat influent tellement sur les productions naturelles, que l'on peut considérer l'Asie comme divisée en quatre zones. Dans la première, le froid est excessif, et le sol n'y produit que de la mousse. Dans les deux parties du milieu, la température est moins rigoureuse ; les plaines produisent les céréales de toute espèce ; les fruits y sont excellens. Dans la partie méridionale, on ne connaît que deux saisons, l'été et le printemps : c'est la partie la plus productive et la plus riche de l'Asie.

D. Quelles sont les bornes de l'Asie ?

R. L'Asie est bornée au nord par la mer Glaciale ; au sud, par la mer des Indes ; à l'est, par le grand Océan ; à l'ouest, par les monts Ourals, la mer Caspienne, la mer Noire, l'archipel, l'isthme de Suez, qui la joint à l'Afrique, et la mer Rouge, qui l'en sépare.

D. Quelle est la situation de l'Asie ?

R. L'Asie est située entre le 2.º degré de latitude méridionale et le 72.º degré de latitude septentrionale, et entre le 24.º degré de longitude orientale et le 178.º degré de longitude occidentale.

D. Quelle est l'étendue de l'Asie ?

R. L'Asie a environ deux mille quatre cents lieues de longueur de l'ouest à l'est, sur deux mille de largeur du nord au sud.

D. Quelle est la population de l'Asie ?

R. La population de l'Asie est évaluée à six cents millons d'habitans.

D. Faites-nous connaître les qualités morales et physiques des Asiatiques.

R. Les Asiatiques, si l'on en excepte les Tartares, qui ne le cèdent ni en force, ni en courage à aucune nation de l'Europe, ont toujours été oisifs, efféminés et voluptueux. Ce penchant à la mollesse, favorisé d'ailleurs par l'habitude et l'éducation, est dû principalement à la chaleur du climat dans les contrées méridionales.

D. Quelle est la religion dominante en Asie?

R. Trois religions dominent en Asie; le mahométisme, le boudhisme et le bramisme. On y trouve cependant un grand nombre de chrétiens et de juifs.

D. En combien de parties divise-t-on l'Asie?

R. On divise l'Asie en dix parties : une au nord, six au milieu et trois au sud.

D. Nommez la partie du nord.

R. La Russie d'Asie (*Scythie*), capitale Tobolsk.

D. Nommez les six parties du milieu, avec leurs villes principales.

R. Les six parties du milieu sont,

1.º La Turquie d'Asie; villes principales, Bursa, Smyrne;

2.º La Perse; villes principales, Téhéran, Ispahan;

3.º Le Béloukistan, capitale Kélat;

4.ᵉ L'Afganistan ou royaume des Afgans, capitale Caboul ;

5.° La Tartarie indépendante (*Scythie*), capitale Samarcande ;

6.° L'empire Chinois, comprenant la Tartarie Chinoise, sans villes principales ; la Chine propre ; villes principales, Pekin, Nankin ; le Thibet, capitale Lassa.

D. Nommez les trois parties du sud, avec leurs villes principales.

R. Les trois parties du sud sont,

1.° L'Arabie ; villes principales, la Mecque, Medine ;

2.° L'Inde en deçà du Gange, ou l'Indoustan ; villes principales, Delhy, Calcutta ;

3.° L'Inde au delà du Gange, comprenant l'empire des Birmans, capitale Ummérapoura ; l'empire Anamitique, capitale Kescho.

D. Quelles sont les principales montagnes de l'Asie ?

R. Les principales montagnes de l'Asie sont,

1.° Les monts Altaïques, entre la Russie Asiatique et l'empire Chinois, et qui se prolongent jusqu'à la mer Glaciale ;

2.° Le mont Belour (*Imaüs*), entre la Tartarie indépendante et l'empire Chinois ;

3.º Les monts Himmalaya, qui séparent l'Indoustan de l'empire Chinois, et que l'on regarde comme les plus élevés du globe ;

4.º Les montagnes du Thibet ;

5.º Le mont Taurus, qui traverse la Turquie d'Asie et la Perse ;

6.º Le mont Caucase, entre la mer Noire et la mer Caspienne.

D. Quels sont les principaux lacs de l'Asie ?

R. Les principaux lacs de l'Asie sont,

1.º Dans la Russie d'Asie, le lac Baïkal et le lac Tchani ;

2.º Dans la Turquie d'Asie, le lac Asphaltite ou mer Morte ;

3.º Dans la Tartarie indépendante, le lac Aral ;

4.º Dans l'empire Chinois, le lac Palkati, à l'est du lac Aral.

D. Indiquez les principales mers intérieures et les principaux golfes de l'Asie.

R. Les principales mers intérieures et les principaux golfes de l'Asie, sont,

1.º Dans le grand Océan, le golfe d'Anadyr, au nord-est de l'Asie ; la mer d'Okhost, entre la Sibérie et le Kamchatka ; la mer Jaune, entre la Chine et la Gorée ; le golfe de Tonquin, entre le Tonquin et la Chine, et celui de Siam, entre la presqu'île de Malaca et l'empire Anamitique ;

2.º Dans la mer des Indes, le golfe du Bengale, entre les deux presqu'îles de l'Inde, et le golfe Persique, entre la Perse et l'Arabie.

D. Quels sont les principaux fleuves de l'Asie ?

R. Les principaux fleuves de l'Asie sont au nombre de douze :

1.º Dans la Russie d'Asie, l'Oby, le Iénisseï et la Léna, sortent tous les trois des monts Altaïques, et ont leur embouchure dans la mer Glaciale.

2.º Dans l'empire Chinois, l'Amur ou Sagalien sort des monts Altaïques, et se jette dans la mer d'Okhost ; le Hoang-ho ou fleuve Jaune, sort des montagnes du Thibet, et se jette dans la mer Jaune ; le Kiang-ho ou fleuve Bleu, sort des montagnes du Thibet, et se jette aussi dans la mer Jaune ; la rivière de Camboje sort des mêmes montagnes, traverse la presqu'île au dela du Gange, et se jette dans la mer des Indes.

3.º Dans l'Indoustan, le Gange prend sa source dans le mont Belour, et se jette dans le golfe du Bengale par plusieurs embouchures ; le Sinde (*Indus*) sort des monts Belour, et se jette dans la mer des Indes par plusieurs embouchures.

4.º Dans la Turquie d'Asie, le Tigre et l'Euphrate prennent leur source dans les montagnes de la Turquie d'Asie, et se jettent dans le golfe Persique.

5.º Dans la Tartarie indépendante, l'Oural sort des montagnes de même nom, et a son embouchure dans la mer Caspienne.

D. Quelles sont les principales presqu'îles de l'Asie ?

R. Les principales presqu'îles de l'Asie sont au nombre de huit, quatre grandes et quatre petites.

Les quatre grandes sont,

1.º L'Anatolie (*Asie mineure*), partie occidentale de la Turquie d'Asie ;

2.º L'Arabie ;

3.º La presqu'île en deçà du Gange ;

4.º La presqu'île au delà du Gange.

Les quatre petites sont,

1.º Le Kamchatka, à l'est de la Sibérie ;

2.º Le Corée, à l'est de la Chine ;

3.º La presqu'île de Malaca, au sud de l'empire des Birmans ;

4.º La presqu'île de Guzarate, sur la côte occidentale de l'Indoustan.

D. Quels sont les principaux caps de l'Asie ?

R. Les principaux caps de l'Asie sont,

1.º Le cap septentrional, au nord de la Russie d'Asie ;

2.º Le cap Romania, au sud de la presqu'île de Malaca ;

4.º Le cap Comorin, au sud de l'Indoustan.

D. Quels sont les principaux détroits de l'Asie ?

R. Les principaux détroits de l'Asie sont,

1.º Le détroit de Waigats, qui sépare la Nouvelle-Zemble de la Russie ;

2.º Le détroit de Béring, appelé aussi détroit du Nord, qui sépare l'Asie de l'Amérique septentrionale ;

3.º Le détroit de Sagalien, entre l'île de ce nom et l'empire Chinois ;

4.º Le détroit de la Pérouse, entre l'île Iesso et l'île Sagalien ;

5.º Le détroit de Corée, entre la presqu'île de ce nom et l'île de Niphon ;

6.º Le détroit de Malaca, entre la presqu'île de ce nom et l'île de Sumatra ;

7.º Le détroit de la Sonde, entre l'île de Sumatra et celle de Java ;

8.º Le détroit d'Ormus, à l'entrée du golfe Persique.

D. Quelles sont les principales îles de l'Asie ?

R. Les principales îles de l'Asie sont,

1.° Dans le grand Océan, les îles Kouriles, les îles du Japon, l'île Formose et l'île Haynan ;

2.° Dans la mer des Indes, les Laquedives, les Maldives, et l'île de Ceylan (*Taprobane*) ;

3.° Dans la mer Méditerranée, Lesbos, Ténédos, Chio, Samos, etc., autrefois connues sous le nom de *Sparades*; Rhodes; Chypre (1).

ARTICLE III.

Aperçu général sur l'Afrique.

D. Dites-nous ce que les anciens connaissaient de l'Afrique.

R. Les anciens ne connaissaient de l'Afrique que les parties les plus septentrionales, et celles qui sont arrosées par le Nil. Les Romains

(1) Les divers archipels qui avoisinent l'Asie, dont nous ne parlons pas ici, sont compris dans la partie océanique.

appelaient cette partie du monde, *Africa*, et les Grecs, *Libya*. Cependant il est à remarquer que dans les auteurs de l'antiquité, les noms d'Afrique et de Libye se prennent tantôt pour toute la presqu'île dont nous parlons, tantôt pour une contrée particulière de cette partie du monde. Les anciens désignaient sous le nom d'Ethiopie, les parties intérieures de l'Afrique.

D. Faites-nous connaître ce qu'est aujourd'hui l'Afrique.

R. L'Afrique, plus grande que l'Europe et plus petite que l'Asie, mais moins peuplée que l'une et que l'autre, est une grande presqu'île jointe à l'Asie par l'isthme de Suez. L'équateur la coupe presque par le milieu. On ne connaît guère que les côtes de l'Afrique ; car il a été toujours difficile de pénétrer dans l'intérieur ; les sables brûlans, les déserts arides, les chaînes de rochers qui traversent les fleuves, et les rendent impraticables ; en un mot, tous les obstacles réunis ont découragé la curiosité du voyageur, et même l'avidité du commerçant.

Quoique l'Afrique se trouve en partie sous la zone torride, et qu'en général cette partie du monde soit exposée à une excessive chaleur, la température cependant y est telle, que du tropique du Cancer à celui du Capricorne, l'intérieur du pays, et les côtes surtout, ne laissent pas d'être assez peuplés. Cette chaleur ne doit pas être contraire aux indigènes ; elle ne nuit qu'aux étrangers.

Cette partie du monde offre les plus grands contrastes de stérilité et de fécondité. On y trouve beaucoup de déserts immenses et arides, entrecoupés de terrains d'une prodigieuse fertilité. Ce sont comme des îles au milieu de ce vaste océan de sable. On appelle *Oasis* ces terrains cultivés.

D. Quelles sont les bornes de l'Afrique ?

R. L'Afrique est bornée au nord, par la mer Méditerranée ; à l'ouest et au sud, par l'Océan atlantique, et à l'est, par la mer Rouge et l'Océan Indien.

D. Quelle est la situation de l'Afrique ?

R. L'Afrique est située entre le 37.ᵉ degré de latitude septentrionale et le 34.ᵉ degré de latitude méridionale, et entre le 20.ᵉ degré de longitude occidentale et le 50.ᵉ degré de longitude orientale.

D. Quelle est l'étendue de l'Afrique ?

R. L'Afrique a environ dix-sept cents lieues

de longueur du nord au sud, sur seize cent cinquante de largeur de l'ouest à l'est.

D. Quelle est la population de l'Afrique ?

R. La population de l'Afrique est évaluée à quatre-vingt-dix millions d'habitans.

D. Faites-nous connaître les qualités physiques et morales des Africains.

R. Les Africains sont en général robustes, grossiers et farouches, et, si l'on en excepte ceux qui sont sur les côtes de la Méditerranée, ils n'ont presque aucune connaissance des arts et des sciences, et ne savent point faire la guerre.

D. Quelle est la religion dominante en Afrique ?

R. Le mahométisme et le fétichisme, espèce de paganisme ou d'idolâtrie, sont les religions de l'Afrique; on y trouve des chrétiens et des juifs.

D. En combien de parties divise-t-on l'Afrique ?

R. On divise l'Afrique en dix parties : trois au nord, cinq au milieu et deux au sud.

D. Nommez les trois parties du nord, avec leurs villes principales.

R. Les trois parties du nord sont,

1.º La Barbarie (*Mauritanie*, *Numidie*), comprenant plusieurs Etats; villes principales, Maroc, Alger, Tunis, Tripoli;

2.º L'Egypte; villes principales, le Caire, Alexandrie;

3.º Le grand désert de Sahara (*pays des Garamantes*), habité par des tribus errantes.

D. Nommez les cinq parties du milieu, avec leurs villes principales.

R. Les cinq parties du milieu sont :

1.º La Sénégambie, où les Européens ont plusieurs établissemens; villes principales, Bambouk, Saint-Louis;

2.º La Nigritie ou Soudan (*Ethiopie*); villes principales, Tombouctou, Bournou;

3.º La Guinée propre ou Guinée supérieure, capitale Benin;

4.º La Nubie, capitale Sennaar;

5º L'Abyssinie, capitale Gondar.

D. Nommez les deux parties du sud, avec leurs villes principales.

R. Les deux parties du sud sont,

1.º Le Congo ou Guinée inférieure, capitale San-Salvador;

2.º La Cafrérie, comprenant la côte d'Ajan, capitale Magadoxo; la côte de Zanguebard, capitale Mélinde ; le Monomotapa, capitale Zimbaoë ; la colonie du Cap, capitale le Cap.

D. Quelles sont les principales montagnes de l'Afrique ?

R. Les principales montagnes de l'Afrique sont,

1.° Le mont Atlas, qui traverse la Barbarie ;

2.° La Sierra-Léoné ou montagnes de Kong, qui séparent la Guinée de la Nigritie ;

3.° Les montagnes de la Lune ou monts Alkamar, qui courent de l'ouest à l'est dans la Nigritie et l'Abyssinie ;

4.° Les monts Lupata, dits l'Epine du Monde, vers le milieu de la Cafrérie ;

5.° Le Pic de Ténérife, dans l'île de même nom.

D. Quels sont les principaux lacs de l'Afrique ?

R. Les principaux lacs de l'Afrique sont,

1.° Le lac Kairoum (*Mœris*), au nord de l'Egypte ;

2.° Le lac Bournou et le lac Filtré, dans la Nigritie ;

3.° Le lac Dembéa, dans l'Abyssinie ;

4.° Le lac Maravi, dans la Cafrérie.

D. Quels sont les principaux golfes de l'Afrique ?

R. Les principaux golfes de l'Afrique sont,

1.° Dans la mer Méditerranée, le golfe de Sidra (*grande Sirte*);

2.° Dans l'Océan atlantique, le golfe de Guinée.

D. Quels sont les principaux fleuves de l'Afrique?

R. Les principaux fleuves de l'Afrique sont,

1.° Le Nil, que l'on croit sortir des montagnes de la Lune; il traverse la Nubie et l'Egypte, et se jette dans la Méditerranée par plusieurs embouchures.

2.° Le Niger sort de la Sierra-Léoné, et se perd dans un grand lac, dans l'intérieur de la Nigritie.

3.° Le Sénégal et la Gambie, qui ont donné leur nom à la contrée qu'ils arrosent, ont leur source dans la Sierra-Léoné, à peu de distance l'un de l'autre, et leur embouchure dans l'Océan atlantique.

4.° Le Zaïre sort du lac dans le Monoëmagi, et se jette dans l'Océan atlantique.

5.° Le Cuama ou Zambère prend sa source à l'ouest du Monomotapa, et se jette dans le canal de Mozambique par plusieurs embouchures.

6.° La rivière d'Orange, qui a des débordemens périodiques comme le Nil, sort des monts Lupata, et se jette dans l'Océan atlantique.

D. Quels sont les principaux caps de l'Afrique ?

R. Les principaux caps de l'Afrique sont,
1.° Le cap Bon, au nord ;
2.° Le cap de Bonne-Espérance, au sud ;
3.° Le cap Guardafui, à l'est ;
4.° Le Cap-Verd, à l'ouest.

D. Quels sont les principaux détroits de l'Afrique ?

R. Les principaux détroits de l'Afrique sont,
1.° Le détroit de Gibraltar, qui fait communiquer la mer Méditerranée, avec l'Océan atlantique ;
2.° Le canal de Mozambique, entre la côte de même nom et l'île de Madagascar ;
3.° Le détroit de Bab-el-Mandeb, à l'entrée de la mer Rouge.

D. Quelles sont les principales îles de l'Afrique ?

R. Les principales îles de l'Afrique sont,
1.° Dans l'Océan atlantique, les Açores,

que quelques géographes unissent à l'Amérique; Madère; les îles Canaries (*îles Fortunées*); les îles du Cap-Verd, l'île Saint-Thomas, l'île Sainte-Hélène;

2.º Dans l'Océan Indien, l'île Socotora, l'île Comore, l'île Madagascar, l'île Bourbon, l'île de France, ou Maurice.

ARTICLE IV.

Aperçu général sur l'Amérique.

D. Faites-nous connaître ce que c'est que l'Amérique, et par qui elle fut découverte?

R. L'Amérique forme un continent qui est opposé à celui que nous habitons: c'est la plus grande des quatre parties du monde connu. L'Amérique n'a été découverte que vers la fin du 15.ᵉ siècle, par Christophe Colomb, Génois de naissance, au service du roi d'Espagne, et c'est pour cela qu'on l'appelle nouveau monde ou nouveau continent.

D. D'où lui vient le nom d'Amérique?

R. L'Amérique a été ainsi nommée d'Améric Vespuce, Florentin, qui publia le premier des relations dans lesquelles il prétendait avoir découvert la terre-ferme, et ravit ainsi à Colomb l'honneur qu'il méritait de donner son nom au nouveau continent.

D. Faites-nous connaître le climat et le sol de l'Amérique.

R. L'Amérique, s'étendant depuis le pôle arctique jusqu'au cercle polaire antarctique, offre la réunion de tous les climats et de presque toutes les productions des autres parties du monde. On a remarqué que la chaleur y est moins forte qu'en Europe et en Afrique, dans les latitudes correspondantes : c'est que de hautes montagnes, couvertes de neiges éternelles, traversent l'Amérique, et que presque toutes les terres de l'intérieur sont couvertes de forêts et de prairies arrosées par les plus grands fleuves du monde.

D. Quelles sont les bornes de l'Amérique ?

R. L'Amérique est bornée au nord par la mer Glaciale ; au sud, par le détroit de Magellan, qui la sépare de la Terre de Feu ; à l'est, par l'Océan atlantique, et à l'ouest, par le grand Océan.

D. Quelle est la situation de l'Amérique ?

R. L'Amérique est située entre le 80.°

degré de latitude septentrionale et le 54.ᵉ de latitude méridionale, et entre le 40.ᵉ et le 170.ᵉ degrés de longitude occidentale.

D. Quelle est l'étendue de l'Amérique ?

R. Elle a environ trois mille quatre cents lieues de long sur deux mille de large.

D. Quelle est la population de l'Amérique ?

R. La population de l'Amérique est évaluée à trente-cinq millions d'habitans.

D. Quels sont les principaux habitans de l'Amérique ?

R. Les principaux habitans de l'Amérique sont,

1.° Les Européens qui se sont établis dans cette partie du monde ;

2.° Les Métis ou Créoles, nés d'un Européen et d'une Américaine ;

3.° Les Nègres qui ont été transportés d'Afrique dans le nouveau continent ;

4.° Les naturels du pays, qu'on nomme Américains ou Indiens.

D. Faites-nous connaître les mœurs et les usages des Américains ?

R. La plupart des naturels du pays qui vivent éloignés des Européens, mènent encore une vie sauvage ; les uns se couvrent de peaux de bêtes, les autres vont presque tous nus, et se *tatouent* le corps. Ils ont pour armes des arcs et des massues, et ne s'occupent que de la guerre et de la chasse ; le peu d'agriculture qui se fait parmi eux, est l'ouvrage des femmes. Cependant ceux qui fréquentent les Européens deviennent de jour en jour plus sociables. Les Américains sont graves et sérieux jusqu'à la mélancolie ; ils sont extrêmes dans leur ressentiment, comme dans leur amitié.

D. Quelle est la religion dominante en Amérique ?

R. Le christianisme a été porté, par les Européens, dans les différentes parties de l'Amérique, où ils ont formé des établissemens. Il reste néanmoins encore un grand nombre d'idolâtres dans le nouveau continent ; on y trouve aussi des juifs.

D. En combien de parties divise-t-on l'Amérique ?

R. L'Amérique est naturellement divisée en deux parties, l'une septentrionale, et l'autre méridionale ; elles sont jointes ensemble par l'isthme de Panama.

D. Combien de contrées renferme l'Amérique septentrionale ?

R. L'Amérique septentrionale renferme sept contrées :

1.º Le Groenland, encore peu connu, vers le nord;

2.º Le Spitzberg, que quelques géographes rattachent à l'Europe;

3.º Les possessions anglaises, comprenant la Nouvelle-Bretagne, sans ville principale; le Canada, cap. Québec; la Nouvelle-Écosse, cap. Halifax;

4.º La côte du Nord-Ouest ou Amérique Russe, sans ville principale;

5.º Les États-Unis, comprennent les États-Unis proprement dits, cap. Wasingthon; la Louisiane, cap. Nouvelle-Orléans; la Floride, cap. Saint-Augustin;

6.º Le Mexique ou Nouvelle-Espagne, cap. Mexico;

7.º Le Guatimala, cap. Guatimala.

D. Combien de contrées renferme l'Amérique méridionale?

R. L'Amérique méridionale renferme sept contrées:

1.º La Colombie ou nouveau royaume de Grenade; cap. Santa-Fé-de-Bogota;

2.º Les Guianes, comprenant la Guiane française, cap. Caïenne; la Guiane hollandaise, cap. Paramaribo; la Guiane anglaise, cap. Stabrock;

3.º Le Brésil, comprenant le Brésil proprement dit, cap. Rio-Janeiro; le pays des Amazones, sans ville principale;

4.º Le Pérou, cap. Lima;

5.º Le royaume de la Plata ou Paraguay, cap. Buenos-Ayres;

6.º Le Chili, cap. Sant-Iago;

7.º La Patagono, habitée par des tribus indépendantes.

D. Indiquez les principales montagnes et les principaux volcans de l'Amérique.

R. Les principales montagnes de l'Amérique sont,

1.º Dans l'Amérique septentrionale, les montagnes Pierreuses, à l'ouest, et les Apalaches, à l'est;

2.º Dans l'Amérique méridionale, les Cordilières ou Andes, qui traversent le Pérou et le Chili. Les Cordilières récèlent un grand nombre de volcans, dont les principaux sont, l'Antisana, le Cotopaxi et le Pichincha. La cime la plus élevée de cette immense chaîne, est le Chimborazo, qui a long-temps passé pour la plus haute montagne de la terre.

D. Quels sont les principaux lacs de l'Amérique?

R. Les principaux lacs de l'Amérique sont,

1.º Dans l'Amérique septentrionale, le lac

Slave, le lac Winippeg, et les lacs Supérieur, Michigan, Huron, Érié et Ontario (1), qui communiquent entr'eux par des détroits ou des rivières ;

2.° Dans l'Amérique méridionale, le lac Maracaïbo, au nord de la Colombie ; le lac Parime, à l'ouest des Guyanes, et le lac Titicata, au sud du Pérou.

D. Indiquez les principales mers intérieures et les principaux golfes de l'Amérique.

R. Les principales mers intérieures et les principaux golfes de l'Amérique, sont,

1.° Dans l'Océan atlantique,

La baie de Baffin, au sud du Groenland ;

La baie d'Hudson, à l'ouest du Labrador ;

Le golfe Saint-Laurent, à l'est du Canada ;

Le golfe du Mexique, au sud de l'Amérique septentrionale, et dont la baie de Campêche n'est qu'une partie ;

La mer des Antilles ou des Caraïbes, au nord de l'Amérique méridionale, qui forme la baie Hondouras et le golfe de Darien.

3.° Dans le grand Océan,

---

(1) C'est entre ces deux derniers que se trouve la fameuse cataracte de Niagara, formée par les eaux qui donnent naissance au fleuve Saint-Laurent.

La mer Vermeille, entre le Mexique et la Californie.

D. Quels sont les principaux fleuves de l'Amérique ?

R. Les principaux fleuves de l'Amérique sont,

1.° Dans l'Amérique septentrionale, le fleuve Saint-Laurent, qui sort du lac Ontario, arrose le Canada, et a son embouchure dans l'Océan atlantique ; le Mississipi, qui sort d'un lac au nord des Etats-Unis, et se jette dans le golfe du Mexique, après avoir reçu le Missouri et l'Ohio ;

2.° Dans l'Amérique méridionale, l'Orénoque, qui sort des monts Parime, au nord du Brésil, et a son embouchure dans l'Océan atlantique ; le Maragnon ou fleuve des Amazones, qui sort des Cordelières, et après un cours d'environ onze cents lieues, va se jeter dans l'Océan atlantique, sous l'équateur; et l'immense fleuve de la Plata, qui, formé de la réunion du Paraguay, du Parana et de l'Uraguay, se jette dans l'Océan atlantique.

D. Quelles sont les principales presqu'îles de l'Amérique?

R. Les principales presqu'îles de l'Amérique sont;

1.º Le Labrador ou pays des Esquimaux, dans la Nouvelle-Bretagne;

2.º La Nouvelle-Ecosse, au sud du golfe Saint-Laurent;

3.º La Floride, au sud des Etats-Unis;

4.º La presqu'île d'Yucatan, dans le golfe du Mexique;

5.º La Californie, séparée du Mexique par la mer Vermeille;

6.º La presqu'île d'Alaska, au sud de l'Amérique Russe.

D. Quels sont les principaux caps de l'Amérique?

R. Les principaux caps de l'Amérique sont,

1.º Dans l'Amérique septentrionale, le cap Charles, à l'extrémité orientale du Labrador; le cap Agi, à l'extrémité méridionale de la Floride, et le cap Saint-Lucas, au sud de la Californie;

2.º Dans l'Amérique méridionale, le cap de la Véla, au nord; le cap Horn, au sud; le cap Saint-Roch, à l'est, et le cap Blanc, à l'ouest.

D. Quels sont les principaux détroits de l'Amérique?

R. Les principaux détroits de l'Amérique sont,

1.º Dans l'Amérique septentrionale,

Le détroit de Davis, qui fait communiquer l'Océan atlantique à la baie de Baffin;

Le détroit d'Hudson, à l'entrée de la baie du même nom;

Le détroit de Belle-Ile, entre le Labrador et l'île de Terre-Neuve;

2.° Dans l'Amérique méridionale,

Le détroit de Magellan, entre la Patagonie et la Terre de Feu;

Le détroit de le Maire, entre la Terre de Feu et la Terre des Etats.

D. Quelles sont les principales îles de l'Amérique?

R. Les principales îles de l'Amérique sont,

1.° Dans l'Océan atlantique, les îles du golfe Saint-Laurent, dont la principale est l'île de Terre-Neuve, près de laquelle est le grand banc de sable où l'on pêche la morue; les Bermudes; les Lucayes; les îles Antilles, divisées en grandes et petites Antilles, dont les principales sont Cuba, la Jamaïque, Saint-Domingue, Porto-Ricco (pour les grandes Antilles); la Guadeloupe, la Martinique, la Trinité (pour les petites); les Malouines ou Falkland; la Terre des Etats et la Terre de Feu;

2.° Dans le grand Océan, les îles Gallapagos, l'île Juan-Fernandez, l'archipel de Chonos et celui de la Mère de Dieu.

ARTICLE V.

Aperçu général sur l'Océanie.

D. Qu'entendez-vous par Océanie ?

R. Les géographes modernes donnent le nom d'Océanie à la Nouvelle-Hollande et aux nombreux archipels qui l'avoisinent dans le grand Océan. Ils considèrent l'Océanie comme une cinquième partie du monde, opposée aux quatre autres qu'ils appellent *terrestres*.

D. Quel aspect présente l'Océan qui environne cette partie du monde ?

R. L'Océan occupe la plus grande partie de cette grande division maritime, et présente des phénomènes, dont le plus singulier est sa phosphorescence. On voit la surface de la mer étinceler comme une étoffe d'argent électrisée ; des étoiles brillantes semblent jaillir par milliers du fond de ses eaux ; souvent même des jets de feu s'élancent au-dessus de la surface de l'Océan, et on le voit quelquefois comme décoré d'une immense écharpe de lumière, dont les extrémités vont se rattacher aux bornes de l'horizon.

D. Quelle est la situation de l'Océanie?

R. L'Océanie est comprise entre le 30.e degré de latitude septentrionale et le 50.e de latitude méridionale, et entre le 93.e degré de longitude orientale et le 130.e de longitude occidentale.

D. Quelle est l'étendue de l'Océanie?

R. Elle a environ trois mille quatre cents lieues de longueur de l'est à l'ouest, sur deux mille de largeur du nord au sud.

D. Quelle est la population de l'Océanie?

R. La population de l'Océanie est évaluée à vingt millions d'habitans.

D. Faites-nous connaître les mœurs et les usages des habitans de l'Océanie.

R. La plupart des habitans de l'Océanie se font remarquer par leur perfidie et par leur férocité; plusieurs même sont anthropophages. Ils ont tous un penchant irrésistible pour le vol. Quelques-uns sont noirs comme les Nègres, d'autres cuivrés comme les Malais. Les uns ont les cheveux longs, les autres laineux comme ceux des Africains. Ils ont le nez épaté, les narines larges et les lèvres grosses. Ils vont presque tout nus, se tatouent le corps; et le goût de cette parure est tel, que, dans quelques îles, les femmes se tatouent même le bout de la langue. Ils aiment le chant et la danse avec passion. L'agriculture est peu connue parmi eux : ils ne savent que faire la guerre. Pour armes, ils se servent de piques, de sagaies, et du *patou*, espèce de massue. Le suicide est très-commun parmi eux, et ils renoncent à la vie pour les moindres sujets.

D. Quelle est la religion des habitans de l'Océanie ?

R. Presque tous les habitans de l'Océanie sont idolâtres, et si l'on en excepte ceux qui habitent les côtes des grandes îles, qui sont Mahométans ou Chrétiens, chacun s'y crée un dieu à sa fantaisie : quelques-uns adorent le soleil, la lune et les étoiles ; plusieurs même offrent à leurs dieux des victimes humaines.

D. Comment divise-t-on l'Océanie ?

R. On divise ordinairement l'Océanie en trois parties : 1.° les îles Asiatiques ; 2.° l'Australasie ; 3.° la Polynésie.

D. Faites-nous connaître la situation et l'étendue des îles Asiatiques.

R. Les îles Asiatiques, la plus petite des parties de l'Océanie, sont situées entre le

20.ᵉ degré de latitude septentrionale et le 13.ᵉ degré de latitude méridionale, et entre le 93.ᵉ et le 130.ᵉ degré de longitude orientale.

Elles occupent un espace d'environ neuf cents lieues de long de l'est à l'ouest, sur huit cent vingt-cinq de large du nord au sud.

D. Comment divise-t-on les îles Asiatiques?

R. On peut diviser les îles Asiatiques en cinq groupes :

1.º Les îles de la Sonde, dont les principales sont Sumatra, Java ;

2.º L'île Bornéo, avec plusieurs petites îles qui l'environnent ;

3.º Les îles Philippines, dont les principales sont Mindanao et Manille ;

4.º L'île Célèbes, environnée de plusieurs petites îles ;

5.º Les îles Moluques ou des Épices, dont les principales sont Gilolo, Céram, Amboine, Timor.

D. Faites-nous connaître la situation et l'étendue de l'Australasie.

R. L'Australasie, qui forme la seconde division de l'Océanie, est située entre l'équateur et le 45.ᵉ degré de latitude méridionale, et entre le 110.ᵉ et le 189.ᵉ degrés de longitude orientale.

Elle a environ mille six cent cinquante lieues de long de l'est à l'ouest, sur mille cent vingt-cinq de large du nord au sud.

D. Comment divise-t-on l'Australasie ?

R. L'Australasie comprend les contrées suivantes :

1.º La Nouvelle-Hollande ;
2.º La Nouvelle-Guinée ou terre des Papous, séparée de la Nouvelle-Hollande par le détroit de Torrés ;
3.º La Nouvelle-Bretagne et la Nouvelle-Irlande, avec les îles de Salomon ;
4.º Les Nouvelles-Hébrides et la Nouvelle-Calédonie ;
5.º La Nouvelle-Zélande, divisée en deux îles par le détroit de Cook ;
6.º L'île connue sous le nom de Van-Diémen, séparée de la Nouvelle-Hollande par le détroit de Bass.

D. Faites-nous connaître la situation et l'étendue de la Polynésie.

R. La Polynésie est la plus étendue des divisions de l'Océanie. Elle s'étend depuis le 35.ᵉ degré de latitude septentrionale, jusqu'au 50.ᵉ de latitude méridionale, et depuis le 130.º de longitude orientale, jusqu'au 130.º de longitude occidentale.

Elle a environ deux mille cinq cents lieues de long de l'est à l'ouest, sur deux mille cent vingt-cinq de large du nord au sud.

D. Comment divise-t-on la Polynésie ?

R. On peut diviser la Polynésie en sept groupes principaux :

1.º Les îles Pelew ;

2.º Les îles des Larrons ou Marianne ;

3.º Les îles Carolines ;

4.º Les îles Sandwich, dont la principale est Owhihé, où fut tué le capitaine Cook ;

5.º Les îles Marquises ;

6.º Les îles de la Société, dont la principale est Otahiti ;

7.º Les îles des Amis et l'archipel des Navigateurs.

CHAPITRE III.

ABRÉGÉ DE LA SPHÈRE.

ARTICLE PREMIER.

Des Mouvemens vrais ou apparens du Ciel; — des principaux Cercles de la Sphère; — de l'Horizon; — du Méridien; — de l'Équateur; — du Zodiaque; — des deux Colures; — des deux Tropiques; — des deux Polaires.

§. PREMIER.

Des Mouvemens vrais ou apparens du Ciel.

D. Qu'est-ce que la sphère artificielle?

R. La sphère artificielle est une machine composée de plusieurs cercles pour représenter et expliquer les mouvemens vrais ou apparens du ciel, et au milieu de laquelle est une petite boule représentant la terre.

D. Comment se fait le mouvement du ciel ?

R. Le ciel tourne ou paraît tourner d'orient en occident, et emporte avec lui, par ce mouvement, tous les astres, qui font, en vingt-quatre heures, le tour de la terre.

D Donnez-nous un exemple sensible de ce mouvement.

R. Pour représenter le mouvement du ciel, on n'a qu'à percer, avec une longue aiguille, une orange d'outre en outre. Si on la fait tourner autour de cette aiguille, son mouvement sera semblable à celui du ciel. L'aiguille représentera l'*axe* du monde, et les deux points par où entre et sort l'aiguille représenteront les deux *pôles* du monde.

D. Le ciel et les astres n'ont-ils pas un autre mouvement ?

R. Outre ce mouvement qu'on appelle *diurne* ou *journalier*, par lequel les astres paraissent aller d'orient en occident, ils en ont encore un autre qui leur est propre, par lequel ils vont d'occident en orient ; c'est le mouvement annuel (1).

_____

(1) Ces deux mouvemens ne sont qu'une apparence causée par le mouvement de la terre. Il suffit que nous tournions avec la terre d'occident

§. II.

Des principaux Cercles de la Sphère.

D. Comment peut-on expliquer la situation des astres?

R. Pour expliquer la situation des astres, leur mouvement et la distance qui est entre eux, on a imaginé dans le ciel plusieurs cercles, dont les principaux sont représentés dans la sphère artificielle.

D. Combien compte-t-on de cercles dans la sphère?

R. On compte dans la sphère six grands cercles et quatre petits.

D. Nommez les six grands cercles.

R. Les six grands cercles sont : l'*horizon*,

---

en orient, pour que le soleil et tous les astres nous paraissent tourner, au contraire, d'orient en occident ; de même à peu près que les arbres qui bordent le rivage, semblent, à nos yeux, aller en sens contraire de celui du bateau qui nous porte. Tel est le mouvement diurne; il nous donne les jours et les nuits, comme on peut s'en convaincre en faisant tourner sur elle-même une petite boule à la lumière d'une bougie qui représentera le soleil, etc. etc. etc.

le méridien, l'*équateur*, le *zodiaque* et les deux *colures*.

D. Nommez les quatre petits cercles.

R. Les quatre petits cercles sont : les deux *tropiques* et les deux *polaires*.

§. III.

De l'Horizon.

D. Qu'est-ce que l'horizon ?

R. L'horizon est un grand cercle qui divise la sphère en deux parties égales, l'une supérieure et visible, l'autre inférieure et invisible.

D. Combien compte-t-on d'horizons ?

R. Il y a autant d'horizons que de points sur la terre ; ainsi nous changeons d'horizon toutes les fois que nous changeons de place.

D. A-t-on représenté tous les horizons sur la sphère ?

R. Au lieu de représenter tous les horizons sur la sphère, on en a fait un immobile, et en faisant tourner la sphère, cet horizon sert pour tous les points.

D. Combien y a-t-il de sortes d'horizons ?

R. Il y a deux sortes d'horizons : l'horizon

rationel ou *astronomique*, qui coupe la sphère en deux parties égales, et passe par son centre ; et l'horizon *sensible*, qui touche la terre au point où sont nos pieds, et à l'extrémité duquel le ciel et la terre semblent se toucher.

D. Comment appelez-vous les pôles de l'horizon ?

R. Les pôles de l'horizon sont : le *zénith* et le *nadir*. Le zénith est le point qui se trouve sur notre tête, et le nadir est le point qui se trouve sous nos pieds.

D. A quoi sert l'horizon ?

R. L'horizon sert à marquer le lever et le coucher des astres, l'aurore et le crépuscule.

D. Comment l'horizon sert-il à marquer le lever et le coucher des astres ?

R. On dit qu'un astre se lève quand il paraît sur l'horizon ; il se couche quand il descend sous l'horizon, et qu'il cesse d'être visible.

D. Comment l'horizon sert-il à marquer l'aurore et le crépuscule ?

R. L'aurore ou crépuscule du matin commence quand le soleil n'est plus qu'à dix-huit degrés au-dessous de l'horizon du côté de l'orient, et finit au lever de cet astre. Le crépuscule du soir commence au coucher du soleil, et finit lorsque cet astre est à dix-huit degrés au-dessous de l'horizon.

§. IV.

Du Méridien.

D. Qu'est-ce que le méridien ?

R. Le méridien est un grand cercle qui passe par les deux pôles de la sphère, et par le zénith et le nadir du lieu dont il est le méridien. Il divise la sphère en deux parties égales, l'une orientale et l'autre occidentale.

D. A quoi sert le méridien ?

R. Le méridien sert à déterminer le milieu du jour ou de la nuit : c'est ce qui lui a donné le nom de méridien. Il est midi lorsque le soleil est arrivé à la partie du méridien qui est sur l'horizon, et minuit lorsqu'il est arrivé à la partie du méridien qui est au-dessous de l'horizon.

D. Combien compte-t-on de méridiens ?

R. On compte autant de méridiens qu'il y a de points d'orient en occident. A mesure qu'on fait un pas vers l'orient ou vers l'occident, le cercle qui passe par les deux pôles et par le zénith, doit changer nécessairement. On a représenté dans la sphère un méridien immobile; et en faisant tourner la sphère, ce méridien sert pour tous les points.

§. V.

De l'Équateur.

D. Qu'est-ce que l'équateur ?

R. L'équateur est un grand cercle qui divise la sphère en deux parties égales, l'une septentrionale, vers le pôle arctique, et l'autre méridionale, vers le pôle antarctique.

D. Quel autre nom lui donne-t-on ?

R. On le nomme aussi *ligne équinoxiale*, parce que quand le soleil décrit ce cercle par son mouvement diurne, c'est le temps des équinoxes.

D. Qu'appelez-vous le temps des équinoxes ?

R. On appelle ainsi le temps où les jours sont égaux aux nuits, ce qui arrive en Mars et en Septembre.

§. VI.

Du Zodiaque.

D. Qu'est-ce que le zodiaque?

R. Le zodiaque est une bande circulaire d'environ seize degrés de largeur, qui coupe l'équateur obliquement, et se trouve ainsi divisé en deux parties, l'une septentrionale et l'autre méridionale.

D. Pourquoi a-t-on donné au zodiaque une largeur de seize degrés?

R. On a donné au zodiaque une largeur de seize degrés, pour y renfermer le cours des douze planètes.

D. Que remarque-t-on sur le zodiaque?

R. On remarque sur le zodiaque, l'*écliptique* et les douzes signes.

D. Qu'est-ce que l'écliptique?

R. L'écliptique, ainsi nommée parce que c'est dans cette ligne que se forment les éclipses de soleil et de lune, est un cercle qui partage le zodiaque, dans toute sa circonférence, en deux parties de huit degrés chacune. Le soleil ne s'écarte jamais de cette ligne dans sa course annuelle, pendant qu'il parcourt les douze signes du zodiaque.

D. Combien y a-t-il de signes du zodiaque ?

R. Il y a douze signes dans le zodiaque, six dans la partie septentrionale, et six dans la partie méridionale.

D. Nommez les douze signes du zodiaque.

R. Les vers suivans feront mieux retenir les douze signes du zodiaque.

Bélier, Taureau, Gémeaux, Ecrevisse, Lion,
Vierge : voilà les six pour le septentrion.
Nous en comptons aussi six pour l'autre hémisphère ;
Balance, Scorpion, Archer ou Sagittaire,
Capricorne, Verseau, Poissons.
Étant pris trois à trois, ils marquent les saisons.

En latin :

Sunt aries, taurus, gemini, cancer, leo, virgo,
Libraque, scorpius, arcitenens, caper, amphora, pisces.

Voici quatre tableaux qui renferment les douze signes du zodiaque, avec les caractères qui les font reconnaître, et l'époque du mois où le soleil entre dans chacun des douze signes pour former les saisons.

ÉQUINOXE.—PRINTEMPS.

1. LE BELIER. 20 Mars.

2. LE TAUREAU. 20 Avril.

3. LES GEMEAUX. 21 Mai.

ÉQUINOXE. — AUTOMNE.

7. LA BALANCE. 23 Sept.

8. LE SCORPION. 23 Oct.

9. LE SAGITTAIRE. 22 Nov.

SOLSTICE. — HIVER.

10. LE CAPRICORNE. 2 Déc.

11. LE VERSEAU. 19 Janv.

12. LES POISSONS. 18 Fév.

§. VII.

Des deux Colures.

D. Qu'appelez-vous les deux colures?

R. Les deux colures sont deux grands cercles dont l'un coupe l'équateur aux deux points des équinoxes, ce qui le fait appeler colure des *équinoxes*; l'autre passe par les deux points des solstices, ce qui le fait appeler colure des *solstices*.

D. Quels sont les points des équinoxes?

R. Les points des équinoxes sont le commencement du belier et de la balance.

D. En quel temps de l'année arrivent les équinoxes?

R. Lorsque le soleil entre dans le signe du belier, c'est l'équinoxe du printemps, et lorsqu'il entre au signe de la balance, c'est l'équinoxe d'automne pour les peuples qui habitent la partie septentrionale de la terre.

D. Quels sont les points des solstices?

R. Les points des solstices sont le commencement du cancer et du capricorne. Le premier degré du cancer est le point du solstice d'été, et le premier degré du capricorne est le point du solstice d'hiver pour les peuples qui habitent la partie septentrionale de la terre.

§. VIII.

Des Tropiques.

D. Qu'appelez-vous tropiques ?

R. Les tropiques sont deux petits cercles parallèles à l'équateur, dont ils sont éloignés de vingt-trois degrés et demi.

D. Quel nom donne-t-on à ces deux tropiques ?

R. Celui qui touche à l'écliptique, au commencement du cancer, se nomme tropique du cancer, et celui qui touche de même à l'écliptique, au commencement du capricorne, se nomme tropique du capricorne.

D. A quoi servent les deux tropiques ?

R. Les deux tropiques servent à marquer le jour le plus long et le jour le plus court de l'année. Lorsque le soleil est arrivé au signe du cancer, c'est le jour le plus long pour les peuples qui sont dans la partie septentrionale de la terre, et le plus court pour ceux qui sont dans la partie méridionale. Lorsque le soleil est arrivé au signe du capricorne, c'est le jour le plus long pour les peuples qui sont dans la partie méridionale de la terre, et le plus court pour ceux qui sont dans la partie septentrionale.

§. IX.

Des deux Polaires.

D. Qu'appelez-vous cercles polaires ?

R. Les cercles polaires sont deux petits cercles parallèles à l'équateur, et éloignés des pôles de la sphère de vingt-trois degrés et demi.

D. Quels noms donne-t-on aux deux cercles polaires ?

R. Celui qui est au nord s'appelle cercle polaire *arctique* ; celui qui est au sud s'appelle cercle polaire *antarctique*.

ARTICLE II.

Des Astres; — du Soleil; — de la Lune; — des Eclipses de Soleil et de Lune.

§. PREMIER.

Des Astres.

D. Pourquoi a-t-on imaginé les différens cercles de la sphère ?

R. On a imaginé les différens cercles de la sphère, pour représenter le cours des astres.

D. Qu'entendez-vous par astres ?

R. Les astres sont des corps lumineux dont le ciel est parsemé.

D. Combien y a-t-il de sortes d'astres ?

R. Il y a deux sortes d'astres : les étoiles fixes, et les étoiles errantes ou planètes.

D. Qu'appelez-vous étoiles fixes ?

R. Les étoiles fixes sont des astres lumineux par eux-mêmes. Elles sont ainsi nommées, parce que leur mouvement est régulier, et qu'elles gardent toujours une même distance entre elles, sans jamais s'écarter les unes des autres.

D. Qu'appelez-vous planètes ou étoiles errantes.

R. Les planètes sont des astres qui n'ont d'autre lumière que celle qu'elles reçoivent du soleil. Elles sont ainsi nommées, parce que leur mouvement n'est pas régulier comme celui des étoiles fixes, et qu'elles ne conservent pas toujours entr'elles la même distance.

D. Connaît-on le nombre des étoiles ?

R. On compte près de deux mille étoiles qu'on peut voir sans se servir de lunettes ; mais avec leur secours, on en découvre une quantité innombrable. On présume même que la *voie lactée*, que le vulgaire appelle chemin de *Saint-Jacques*, n'est qu'un amas d'une infinité d'étoiles qu'on ne peut distinguer avec les yeux seuls.

D. Comment a-t-on divisé le ciel pour mieux distinguer les étoiles ?

R. On a divisé le ciel en plusieurs parties, et l'amas d'étoiles qui se trouve dans chaque partie se nomme constellation. On leur a donné différens noms de héros, d'animaux, etc., avec lesquels il ne faut pas chercher de ressemblance : comme *Hercule*, *Céphée*, le *Belier*, l'*Ourse*, etc.

D. Combien y a-t-il de constellations ?

R. Il y a soixante-deux constellations, vingt-trois septentrionales, vingt-sept méridionales et douze dans le zodiaque. On peut voir sur un globe céleste le nom et la situation de ces constellations, et combien chacune a d'étoiles.

D. Les étoiles sont-elles bien éloignées de la terre ?

R. La plus voisine de la terre en est à plus de neufs cents billions de lieues.

D. Quelle est la grandeur des étoiles ?

R. Selon un fameux astronome, l'étoile la plus voisine de la terre a environ quatre-vingt-dix-neuf millions de lieues.

D. Combien compte-t-on de planètes ?

R. On en compte huit : *Mercure*, *Vénus*, *la Terre*, *la Lune*, *Jupiter*, *Mars*, *Saturne*, la planète d'*Herschel*. On peut y ajouter *Cérès*, *Pallas*, *Junon* et *Vesta*, nouvellement découvertes. Il y a, outre cela, des planètes secondaires appelées *lunes* ou *satellites*.

§. II.

Du Soleil.

D. Quel astre distingue-t-on parmi les autres ?

R. On distingue le soleil parmi tous les autres astres. C'est un globe de feu d'une grosseur prodigieuse, destiné par le Créateur à éclairer et à échauffer tout ce qui l'environne, à la distance de plusieurs centaines de millions de lieues. Son diamètre est de trois cent vingt mille lieues.

D. Quel est le mouvement du soleil ?

R. Dans le système qu'on adopte pour expliquer d'une manière plus intelligible le cours des astres, le soleil a deux mouvemens : le mouvement commun avec tout le ciel, par lequel il décrit d'orient en occident, dans vingt-quatre heures, autour de la terre, un cercle à peu près parallèle à l'équateur, et de plus, un mouvement propre par lequel il parcourt l'écliptique d'occident en orient, sans jamais s'écarter de ce cercle, dans l'espace de trois cent soixante-cinq jours et six heures moins onze minutes, ce qui forme une année (1).

D. L'année est-elle toujours de trois cent soixante-cinq jours ?

R. Non, les six heures qui restent tous les ans font un jour au bout de quatre ans ; c'est pourquoi chaque quatrième année est *bissextile,* c'est-à-dire, qu'elle a trois cent soixante-six jours. Cependant comme les six heures qui restent ne sont pas complètes, et qu'il s'en faut de onze minutes, on retranche trois jours dans l'espace de quatre cents ans, en ne faisant pas bissextile la première année des siècles, si ce n'est de quatre cents ans en quatre cents ans.

---

(1) Ptolémée enseignait que la terre était immobile au centre de l'univers, et que le soleil, avec toutes les planètes et toutes les étoiles, faisaient le tour de la terre en vingt-quatre heures. Copernic, astronome polonais du seizième siècle, frappé des absurdités nombreuses que présente le système de Ptolémée, en imagina un autre plus satisfaisant. Selon ce nouveau système, le soleil occupe le centre ; autour du soleil tournent la terre et les autres planètes, à des distances différentes, et dans des temps plus ou moins longs. Au-delà, et à une grande distance, sont les étoiles fixes immobiles aussi bien que le soleil.

D. Que résulte-t-il du double mouvement du soleil ?

R. Du double mouvement du soleil résultent le changement des saisons, la durée différente des crépuscules et la différente longueur des jours et des nuits.

§. III.

De la Lune.

D. Qu'est-ce que la lune ?

R. La lune est une planète du second ordre qui sert de satellite à la terre, et qui tourne autour d'elle douze fois environ, tandis que la terre elle-même tourne une fois autour du soleil. C'est, après le soleil, l'astre du ciel le plus remarquable, quoique le plus petit. Elle est quarante-neuf fois plus petite que la terre, et ne paraît si grosse que parce qu'elle est très-voisine de nous.

D. A quelle distance est-elle de la terre ?

R. La lune est éloignée de la terre d'environ quatre-vingt-six mille lieues.

D. Quel est le mouvement de la lune ?

R. La lune a deux mouvemens comme toutes les autres planètes. Par le mouvement commun avec tout le ciel; la lune décrit d'orient en occident un cercle autour de la terre toutes les vingt-quatre heures: son mouvement propre d'occident en orient se fait dans vingt-sept jours et environ huit heures. Elle décrit un cercle qui coupe l'écliptique en deux points qu'on appelle *nœuds*. Celui par lequel elle passe du sud au nord, se nomme *nœud ascendant* ou tête de dragon, et celui par lequel elle passe du nord au sud, se nomme *nœud descendant* ou queue de dragon.

D. Que résulte-t-il du mouvement de la lune?

R. Du mouvement de la lune résultent les phases de cette planète, et les éclipses de soleil et de lune.

D. Qu'entendez-vous par phases de la lune?

R. La lune étant un corps opaque, n'a de lumière que celle qu'elle reçoit du soleil, et nous en voyons une partie éclairée plus ou moins grande selon la position qu'occupe cette planète à notre égard. Ce sont ces vicissitudes, connues sous les noms de *nouvelle lune*, *premier quartier*, *pleine lune*, *dernier quartier*, que nous appelons les phases de la lune.

D. Peut-on se rendre raison des phases de la lune ?

R. La lune ne brillant que de la lumière qu'elle reçoit du soleil lorsqu'elle tourne vers cet astre toute sa partie éclairée, elle est invisible pour la terre. Les jours suivans elle tourne vers la terre une petite portion de sa partie éclairée, et paraît, après le coucher du soleil, sous la forme d'un croissant : c'est *la nouvelle lune*. En continuant de s'avancer vers l'orient et de s'éloigner du soleil, elle tourne vers la terre la moitié de sa partie éclairée : c'est *le premier quartier*. Sept ou huit jours après, lorsqu'elle se trouve en opposition avec le soleil, c'est-à-dire, qu'ils sont dans deux signes du zodiaque diamétralement opposés, elle tourne vers la terre toute sa partie éclairée : c'est *la pleine lune*. Ensuite la lune nous montrant tous les jours une moindre portion de sa partie éclairée, elle tourne vers la terre la moitié de son disque : c'est *le dernier quartier*. Il faut observer que lorsque la lune croît, sa portée lumineuse est vers l'occident, et que, dans son déclin, elle est vers l'orient.

§. IV.

Des Eclipses de Soleil et de Lune.

D. Qu'entendez-vous par éclipse de soleil et par éclipse de lune?

R. Une éclipse de soleil est un obscurcissement de la terre, occasioné par l'interposition de la lune entre la terre et le soleil, ce qui ne peut arriver que lorsque la lune est en *conjonction*.

Une éclipse de lune est un obscurcissement de la lune, causé par l'interposition de la terre entre le soleil et la lune, ce qui n'arrive que lorsque la lune est en *opposition*.

D. Qu'entendez-vous par conjonction et opposition?

R. On dit qu'une planète est en conjonction, quand elle est vers le même degré du zodiaque que le soleil, et en opposition, quand elle paraît dans le point du ciel opposé à celui où se trouve le soleil.

D. Peut-on prédire les éclipses?

R. Pour prédire les éclipses, il faut observer les conjonctions et les oppositions. Il suffit ensuite de voir si les conjonctions et les oppositions se font dans les nœuds ou après les nœuds : dans le premier cas, l'éclipse est totale ; dans le second cas, elle est partielle.

D. Comment peut-on prévoir les conjonctions et les oppositions ?

R. Pour prévoir les conjonctions, il faut observer que le soleil et la lune partant du même point du zodiaque, la lune, dans vingt-sept jours et près de huit heures, sera arrivée au point du départ ; mais dans cet espace de temps le soleil ayant avancé vers l'orient d'environ vingt-sept degrés, il faut plus de deux jours à la lune pour rejoindre le soleil : ainsi la nouvelle conjonction aura lieu dans vingt-neuf jours douze heures quarante-quatre minutes ; c'est ce qu'on appelle le mois lunaire. On fait le même calcul pour prédire les oppositions.

D. Qu'entendez-vous par *périhélie* et *aphélie*, et par *périgée* et *apogée* ?

R. Toutes les planètes décrivant des éclipses, se trouvent tantôt plus près du soleil, c'est le *périhélie*, et tantôt plus éloignées, c'est l'*aphélie*. De même leur plus grande proximité de la terre est leur *périgée*, et leur plus grand éloignement, *apogée*.

ARTICLE III.

*Des diverses positions de la Sphère;
— des Zones; — de la Latitude
et de la Longitude.*

§. PREMIER.

Des diverses positions de la Sphère.

D. Qu'entendez-vous par position de la sphère?

R. Les positions de la sphère sont les différentes manières dont on peut placer et considérer la sphère artificielle, pour voir ce qui arrive à ceux qui ont la sphère naturelle disposée d'une de ces manières.

D. Combien compte-t-on de positions de la sphère?

R. On compte trois positions de la sphère: la *sphère droite*, la *sphère oblique* et la *sphère parallèle*.

D. Qu'entendez-vous par sphère droite?

R. La sphère est droite lorsque l'horizon coupe l'équateur perpendiculairement. Dans cette position, tous les cercles parallèles à l'équateur, que le soleil décrit dans son mouvement diurne, sont coupés, par l'horizon, en deux parties égales; ainsi, les jours sont égaux aux nuits. Les peuples qui habitent l'équateur ont cette position de la sphère.

D. Qu'entendez-vous par sphère oblique?

R. La sphère est oblique lorsque l'horizon coupe l'équateur obliquement. Dans cette position, tous les cercles que le soleil décrit par son mouvement diurne, sont coupés, par l'horizon, en deux parties inégales; ainsi, les jours et les nuits ne sont pas égaux entre eux, si ce n'est au temps des équinoxes. Les peuples qui habitent entre l'équateur et les cerles polaires, ont cette position de la sphère.

D. Qu'entendez-vous par sphère parallèle?

R. La sphère est parallèle lorsque l'équateur se confond avec l'horizon. Dans cette position, les cercles que le soleil décrit dans son mouvement diurne sont six mois au-dessus. Il y a donc six mois de jours et six mois de nuits. Les peuples qui habitent l'un ou l'autre pôle, ont cette position de la sphère.

§. II.
Des Zones.

D. En combien de parties les quatre petits cercles divisent-ils le globe?

R. Les quatre petits cercles divisent le globe en cinq parties qu'on appelle *zones*; savoir, une zone torride, deux zones glaciales et deux zones tempérées.

D. Où est située la zone torride?

R. La zone torride est située entre les deux tropiques.

D. Qu'observe-t-on sur les peuples qui habitent la zone torride?

R. Les habitans de cette zone sont appelés *amphisciens*, ce qui veut dire à *deux ombres*, parce que le soleil se trouve à différens points de l'année, tantôt au nord, tantôt au midi de leur zénith; mais deux fois par an le soleil étant directement sur leur zénith, ils n'ont point du tout d'ombre à midi, et pour cela ils sont aussi appelés *asciens*, c'est-à-dire, *sans ombre*.

D. Où sont situées les deux zones tempérées?

R. Les deux zones tempérées sont situées

entre chaque tropique et le cercle polaire correspondant.

D. Qu'observe-t-on sur les peuples qui habitent les zones tempérées ?

R. Les habitans de ces zones sont appelés *hétérosciens*, ce qui veut dire *différentes ombres*, parce que les ombres des uns sont toujours opposées à celles des autres. Ils ont toujours les rayons du soleil obliques, soit dans l'extrême chaleur, soit dans le grand froid.

D. Où sont situées les deux zones glaciales ?

R. Les deux zones glaciales sont renfermées entre chaque cercle polaire et le pôle correspondant.

D. Qu'observe-t-on sur les peuples qui habitent les deux zones glaciales ?

R. Les habitans de ces deux zones sont appelés *Périsciens*, c'est-à-dire, *ombres autour*, parce qu'à certaines saisons ils voient le soleil tourner autour de leur horizon pendant quelques jours de suite, suivant qu'ils se trouvent plus ou moins éloignés des pôles.

§. III.

De la Latitude et de la Longitude.

D. Comment fixe-t-on la situation des lieux sur le globe?

R. Pour fixer la situation des lieux sur le globe, on se sert de la latitude et de la longitude.

D. Qu'entendez-vous par latitude d'un lieu?

R. La latitude d'un lieu est la distance de ce lieu à l'équateur. Il y a deux latitudes : la latitude septentrionale, de l'équateur au pôle arctique, et la latitude méridionale, de l'équateur au pôle antarctique.

D. Qu'entendez-vous par longitude d'un lieu?

R. La longitude d'un lieu est la distance de ce lieu au premier méridien. Il y a deux longitudes : la longitude orientale depuis le premier méridien, jusqu'au cent quatre-vingtième degré vers l'orient, et la longitude occidentale depuis le premier méridien, jusqu'au cent quatre-vingtième degré vers l'occident.

D. Quelle différence la latitude et la longitude établissent-elles entre les différens peuples de la terre?

R. La latitude et la longitude établissent une triple différence entre les habitans de la terre: les *antiœciens*, les *périœciens* et *antipodes*.

D. Qu'appelez-vous antiœciens?

R. Les *antiœciens* sont les peuples qui habitent sur le même demi-méridien, et à une même latitude septentrionale pour les uns, et méridionale pour les autres. Les antiœciens doivent avoir les saisons contraires, et les mêmes heures en même temps. Le mot *antiœcien* veut dire *maison contre*.

D. Qu'appelez-vous périœciens?

R. Les *périœciens* sont les peuples qui habitent sur le même cercle parallèle à l'équateur, mais à cent quatre-vingts degrés de longitude de différence. Les périœciens ont les mêmes saisons en même temps; mais quand il est midi pour les uns, il est minuit pour les autres. Le mot *périœcien* veut dire *maison autour*.

D. Qu'appelez-vous antipodes?

R. Les *antipodes* sont les peuples qui ont les mêmes degrés de latitude septentrionale pour les uns, et méridionale pour les autres, et dont la longitude diffère de cent quatre-vingts degrés. Les antipodes ont tout opposé; quand c'est l'été pour les uns, c'est l'hiver pour les autres ; quand c'est midi pour les uns, pour les autres c'est minuit.

§. IV.

Des Climats.

D. Qu'entendez-vous par climats ?

R. On entend par *climat*, un espace de terre compris entre deux parallèles, à la fin duquel les plus longs jours de l'année ont une demi-heure ou un mois de plus que dans son commencement. Sous l'équateur, tous les jours sont de douze heures; mais ils augmentent à mesure qu'on s'avance vers le cercle polaire, où le plus long jour est de vingt-quatre heures. Depuis le cercle polaire, les jours augmentent, non plus par demi-heure, mais d'un mois, de deux mois, etc., jusqu'aux pôles, où le jour est de six mois.

D. Où sont situés les climats d'heure ?

R. Les climats d'heure sont situés entre l'équateur et les deux cercles polaires, vingt-quatre degrés de chaque côté de l'équateur.

D. Où sont situés les climats de mois ?

R. Les climats de mois sont situés entre

les cercles polaires et les pôles, six dans chaque hémisphère.

ARTICLE IV.

De l'usage du Globe artificiel, et du Calendrier.

§. PREMIER.

De l'usage du Globe artificiel.

D. A quel usage fait-on servir le globe artificiel ?

R. On se sert du globe artificiel pour déterminer la situation des principales parties de la terre, et pour résoudre quelques problèmes assez curieux.

D. Peut-on, à l'aide du globe, trouver la longitude et latitude d'un lieu ?

R. Pour trouver la latitude d'un lieu, de Toulouse, par exemple, j'amène Toulouse sous le grand méridien ; je compte les degrés depuis l'équateur jusqu'au point du méridien qui est au-dessus de Toulouse, je trouve quarante-trois degrés trente-six minutes : c'est la latitude de Toulouse. J'examine le degré de l'équateur qui est sous le grand méridien, je trouve dix-neuf degrés : c'est la longitude de Toulouse.

D. Peut-on trouver l'heure qu'il est à Jérusalem, quand il est midi à Lyon ?

R. Le soleil faisant le tour du globe, ou des trois cent soixante degrés en vingt-quatre heures, doit faire quinze degrés par heure, et un degré en quatre minutes. Jérusalem est à trente degrés trente minutes de Lyon ; il s'en faut donc deux heures deux minutes qu'il ne soit la même heure à Jérusalem qu'à Lyon. D'ailleurs, Jérusalem étant à l'orient de Lyon, le soleil, dont le cours est d'orient en occident, a dû passer au méridien de Jérusalem avant d'arriver à celui de Lyon ; par conséquent, lorsqu'il est midi dans cette dernière ville, il est deux heures deux minutes du soir à Jérusalem.

D. Peut-on trouver en quel endroit il est midi, quand il est sept heures du soir à Lyon ?

R. Il doit être midi dans un lieu qui sera à cent cinq degrés à l'ouest de Lyon ; car c'est le chemin que le soleil a dû parcourir depuis midi jusqu'à sept heures du soir. D'après les principes exposés dans le problème précédent, il est midi à Mexico.

D. Peut-on trouver une semaine à trois jeudis?

R. On suppose deux voyageurs qui fassent le tour du globe, l'un par l'orient, l'autre par l'occident; celui qui voyage vers l'orient, et qui s'avance à quinze degrés de Lyon d'où il est parti, compte une heure de plus jusqu'à Lyon, parce qu'allant au devant du soleil, il le voit une heure plus tôt que nous. En continuant d'avancer ainsi vers l'orient de quinze en quinze degrés, il gagne une heure chaque fois; de sorte qu'après avoir parcouru les trois cent soixante degrés, il se trouve, en arrivant à Lyon, avoir gagné vingt-quatre heures: il compte un jour de plus; il est au vendredi, lorsqu'à Lyon on est encore au jeudi. Celui qui a voyagé vers l'occident, voit le soleil autant d'heures plus tard qu'il a parcouru de fois quinze degrés; son voyage fini, il a perdu autant que l'autre a gagné, un jour entier: il n'est donc qu'au mercredi, lorsque le premier voyageur est au vendredi, ce qui donne trois jours différens; où l'on compte jeudi.

§. II.

Du Calendrier.

D. Qu'entendez-vous par calendrier?

R. Le calendrier est une distribution du temps, accommodée pour les usages de la vie, et qui contient l'ordre des jours, des semaines, des fêtes, des années, etc.

D. Qu'appelez-vous année solaire?

R. L'année *solaire* est le temps que la terre emploie à faire sa révolution autour du soleil. Elle achève cette révolution dans l'espace de trois cent soixante-cinq jours six heures.

D. Qu'appelez-vous année lunaire?

R. L'année lunaire est le temps que la lune emploie à faire sa révolution autour de la terre. Elle est composée de douze lunaisons; elle ne contient que trois cent cinquante-quatre jours; elle en a, par conséquent, onze de moins que l'année solaire.

D. Qu'entendez-vous par lunaisons ou mois lunaires?

R. Le mois lunaire est le temps qu'il y a d'une nouvelle lune à la suivante; ce temps est de vingt-neuf jours douze heures quarante-quatre minutes. Dans l'usage, on fait les mois lunaires alternativement de vingt-neuf et de trente jours. Au bout de quelque temps les quarante-quatre minutes négligées font un jour entier, dont on tient compte.

D. Qu'entendez-vous par lettres dominicales ?

R. Les lettres dominicales sont les premières lettres de l'alphabet, A, B, C, D, E, F, G. On les appelle ainsi, parce qu'elles servent tour-à-tour à marquer tous les dimanches de l'année. Elles suivent d'une année à l'autre l'ordre rétrograde ; de sorte que si la lettre dominicale d'une année est A, celle de l'année suivante sera G, la suivante F, etc. Les années bissextiles en ont deux : l'une sert jusqu'au 24 Février, et l'autre le reste de l'année.

D. Comment était divisé le mois chez les Romains ?

R. Le mois des Romains était divisé en trois périodes inégales, par les *Calendes*, les *Nones* et les *Ides*.

Les calendes étaient fixées au premier jour du mois ; les nones arrivaient le 5 ou le 7. Les ides se trouvaient huit jours après. Dans les mois de Mars, Mai, Juillet et Août, le jour des nones était le 7, et, par conséquent, celui des ides le 15. Dans tous les autres mois, le jour des nones était le 5, et celui des ides le 13.

D. Comment les Grecs divisaient-ils leurs mois lunaires ?

R. Les Grecs divisaient leurs mois lunaires en trois périodes de dix jours chacune pour les mois de 30 jours, et pour les mois de 29 jours, en deux périodes de dix jours, et en une de neuf. La première période se nommait *commencement du mois*, la seconde *milieu du mois*, et la troisième *fin du mois*.

D. Faites-nous connaître comment les Romains et les Grecs comptaient les jours du mois ?

R. Nous allons le montrer dans les deux tableaux suivans :

CALENDRIER ROMAIN.

JANVIER.	FÉVRIER.
1 Calendes	calendes
2 iv des nones (1)	iv des nones
3 iii des nones	iii des calendes
4 veille des nones	veille des nones
5 nones	nones
6 viii des ides	viii des ides
7 vii des ides	vii des ides
8 vi des ides	vi des ides
9 v des ides	v des ides
10 iv des ides	iv des ides
11 iii des ides	iii des ides
12 veille des ides	veille des ides
13 ides	ides
14 xix des calendes	xvi des calendes
15 xviii des calendes	xv des calendes
16 xvii des calendes	xiv des calendes
17 xvi des calendes	xiii des calendes
18 xv des calendes	xii des calendes
19 xiv des calendes	xi des calendes
20 xiii des calendes	x des calendes
21 xii des calendes	ix des calendes
22 xi des calendes	viii des calendes
23 x des calendes	vii des calendes
24 ix des calendes	vi (bis) des cal. (2)
25 viii des calendes	v des calendes
26 vii des calendes	iv des calendes
27 vi des calendes	iii des calendes
28 v des calendes	veille des calendes
29 iv des calendes	
30 iii des calendes	
31 veille des calendes	

de Janvier. de Février. de Février. de Mars.

CALENDRIER GREC.

MANIÈRE DONT LES GRECS COMPTAIENT LE JOUR DU MOIS.

1 néoménie, c'est-à-dire, nouvelle lune.
2 second jour du mois commençant.
3 troisième jour.
4 quatrième jour.
5 cinquième jour.
6 sixième jour.
7 septième jour.
8 huitième jour.
9 neuvième jour.
10 dixième jour.
11 premier jour du milieu du mois, au-dessus de dix.
12 second jour.
13 troisième jour.
14 quatrième jour.
15 cinquième jour.
16 sixième jour.
17 septième jour.
18 huitième jour.
19 neuvième jour.
20 vingtième jour.
21 dixième jour du mois finissant ; ou premier jour au-dessus de vingt.
22 neuvième jour, ou second jour.
23 huitième jour,   troisième jour.
24 septième jour,   quatrième jour.
25 sixième jour,   cinquième jour.
26 cinquième jour,   sixième jour.
27 quatrième jour,   septième jour.
28 troisième jour,   huitième jour.
29 second jour,   neuvième jour.
30 ancienne et nouvelle (lune.)

MOIS DES ATHÉNIENS. (3)

ÉTÉ.
Hécatombéon.
Métageitnion.
Boédromion.

AUTOMNE.
Pianepsion.
Mémactérion.
Posidéon.

HIVER.
Gamélion.
Anthestérion.
Elaphébolion.

PRINTEMPS.
Munychion.
Thargélion.
Scirophorion.

NOTES DES CALENDRIERS.

(1) Le quatre des nones de Janvier, c'est-à-dire, le quatrième jour des nones avant les nones de Janvier, et ainsi des autres.

(2) Cette répétition du sixième jour avant les calendes de Mars, n'avait lieu que dans les années de 366 jours, qui, pour cela, étaient nommées bissextiles.

(3) Les savans ne s'accordent point sur l'ordre dans lequel étaient disposés les douze mois de l'année attique, ni sur leur correspondance avec les saisons. On a suivi le système de Jean Potters, qui, sous le dernier rapport, se rapproche assez de celui de Scaliger.

On remarquera que les noms des mois étaient différens dans les différentes parties de la Grèce, et que nous n'avons de calendriers complets que ceux des Athéniens et des Macédoniens.

D. Qu'entendez-vous par olympiade ?

R. L'olympiade est une révolution de quatre ans, au bout de laquelle revenait la célébration des jeux *olympiques*.

D. Qu'entendez-vous par lustres ?

R. Le lustre est une révolution de cinq ans, qui ramenait chez les Romains la célébration du *lustre*, où le dénombrement du peuple.

SECONDE PARTIE.

EUROPE.

INTRODUCTION.—Quoique l'Europe soit la moins étendue des cinq parties du globe, elle ne mérite pas moins de fixer notre attention. C'est en Europe que l'esprit et le génie des hommes ont pris leur plus grand essor ; c'est là que les sciences, les arts, la navigation et le commerce, ont été portés au plus haut degré de perfection. Elle seule a produit plus de héros et de savans que le reste de la terre ; elle est aussi le centre de la religion chrétienne. Cette universalité de religion offre un grand avantage en faisant de l'Europe entière comme un seul Etat ; de sorte qu'une découverte faite dans une contrée, est promptement communiquée aux autres. On peut, sous ce rapport, comparer l'Europe à l'ancienne Grèce.

La Géographie nous découvre, relativement à l'Europe, deux circonstances qui ont dû contribuer puissamment à sa supériorité sur le reste du monde : elles consistent dans l'heureuse température de son climat, dont aucune partie n'est sous la zone torride, et dans la grande variété de sa surface. Le grand nombre de montagnes, de rivières et de mers qui séparent les différens pays de l'Europe, sont encore un avantage pour ses habitans : les mers et les rivières facilitent les relations et le commerce entre les différentes nations, et les montagnes, par leurs sols fertiles qui produisent presque sans culture, ont l'avantage d'exciter l'industrie des hommes.

POPULATION PRIMITIVE. — L'ancienne population de l'Europe se composait des *Celtes* à l'ouest et au sud, des *Finlandais* au nord-est. Ces anciens habitans, qui paraissent avoir été peu nombreux, furent chassés vers l'est et le nord, par les Scythes ou Goths d'Asie, dont les descendans occupent la plus grande partie de l'Europe; et par les *Sarmates*, ou tribus esclavones, sorties aussi de l'Asie, et qui sont les ancêtres des Polonais et des Russes. Ces tribus furent suivies par les *Hérules*. A une époque assez reculée, une colonie d'*Ibères* et de *Maures* du nord de l'Afrique, passèrent de cette partie du monde en Espagne. Nous ne devons point omettre les *Hongrois* et les Turcs, qui, dans des temps plus modernes, quittèrent l'Asie pour venir s'établir en Europe.

ÉVÉNEMENS HISTORIQUES. — Nous allons retracer rapidement les principaux événemens historiques de cette partie du monde. L'Europe est restée plongée longtemps dans la barbarie. La Grèce doit à son heureuse situation entre l'Afrique et l'Asie, d'être sortie la première de cet état général de ténèbres. Les Phéniciens apportèrent de l'Asie, dans le midi de l'Europe, le goût du commerce et de la navigation; ils y eurent pour successeurs les Carthaginois. De leur côté, les Grecs s'établirent en foule dans l'Italie, où naquit bientôt une nouvelle puissance, celle des Romains, qui s'étendit non-seulement sur toute l'Italie, mais encore sur la Gaule, la Grande-Bretagne, une partie de la Germanie, la Pannonie, l'Illyrie, la Grèce, etc. Dans presque toutes ces provinces de l'empire romain, les arts et les lettres, sorties d'un foyer commun, civilisèrent les Barbares, et la langue latine s'y confondit avec les idiomes des indigènes. L'empire romain, après un grand nombre de révolutions, tomba en décadence; des peuples barbares ravagèrent la capitale de cet empire jadis si puissant.

La religion chrétienne avait pénétré de l'Asie dans les Etats de l'Europe, et commençait à y propager la doctrine de l'Evangile. Constantinople, alors appelée Bysance, était devenue le siége d'un nouvel empire, qui prit le titre d'empire grec; et qui subsista pendant plusieurs siècles. Des invasions de peuples barbares avaient fait naître de nouveaux Etats dans d'autres parties de l'Europe. Les Francs et les Bourguignons s'établirent dans les Gaules; les Visigoths et les Suèves occupèrent l'Espagne; les Saxons et les Angles fondèrent de petits royaumes dans la Grande-Bretagne; les Varégues, que l'on croit originaires de la Scandinavie, donnèrent des maîtres à la Russie; des pirates Normands, venus du Danemarck, se firent céder une province de la France; les Maures d'Afrique traversèrent le détroit de Gibraltar, envahirent une grande partie de l'Espagne, et débordèrent même jusqu'en France et en Sicile. Rome ayant cessé d'être le siége des empereurs, était devenu celui des papes. Un roi des Francs, Charlemagne, en subjuguant une grande partie de l'empire romain, fonda un nouvel empire, celui d'occident, qu'il partagea ensuite entre ses fils. Les églises et les couvens s'étant multipliés sur tous les points de l'Europe, les lettres trouvèrent un asile dans les cloîtres, au milieu des guerres et des institutions féodales qui pesèrent sur les peuples.

Ce fut dans le moyen âge que se formèrent ou se consolidèrent les diverses monarchies qui composent aujourd'hui l'Europe. Les Maures furent enfin expulsés de l'Espagne, mais les Turcs envahirent l'empire grec. Les Tartares furent pendant quelque temps maîtres de la Russie. La découverte de l'Amérique par les Européens, leur assujettit un monde nouveau, d'où ils apportèrent en Europe des trésors et une foule de productions inconnues. Une autre découverte, celle du Cap de Bonne-Espérance, mit le commerce européen en relation directe avec l'Afrique et la plus belle partie de l'Asie. La navigation se perfectionna, et l'on vit se distinguer plusieurs Etats, l'Angleterre surtout par la puissance de sa marine. Au 17.ᵉ siècle, un traité de paix, celui de Westphalie, parut mettre un terme aux guerres des souverains de l'Europe. L'empire de Russie, accru de toute l'Asie septentrionale, commença d'influer sur le sort de l'Europe. A la fin du 18.ᵉ siècle, la révolution qui éclata en France, changea, en partie, la face de l'Europe; d'anciennes dynasties furent renversées, et plusieurs Etats furent incorporés dans la république française; qui, au commencement du 19.ᵉ siècle, s'érigea en empire. Napoléon I.ᵉʳ, empereur des Français, conquit une grande partie de l'Europe; mais il fut renversé du trône, et l'ancien ordre de choses fut rétabli en partie.

POPULATION. — On assigne à l'Europe deux cents millions d'habitans, et l'on compte trente-quatre peuples dans cette partie du monde. Nous parlerons de la physionomie, des mœurs, des usages et du caractère de ces différens peuples, à l'article de chaque pays.

RELIGION. — La religion chrétienne est celle de tous les Etats de l'Europe, excepté de la Turquie, où le mahométisme est établi. Les Chrétiens de l'Europe forment trois églises différentes : *l'église catholique*, *l'église grecque*, *l'église protestante*. L'église catholique, autrefois composée de l'église latine et de l'église grecque, est réduite à l'église latine depuis que l'église grecque a fait schisme avec elle. L'église des protestans se divise en une infinité de sectes, dont les principales sont celles des Luthériens et des Calvinistes, qui tirent leur nom de Luther et de Calvin. Les Juifs sont aussi très-répandus en Europe.

BORNES. — Les idées des anciens sur les bornes de l'Europe ne sont point précises. Il paraît que plus d'un tiers de cette portion du globe au nord et à l'est, n'a été connu que dans des temps modernes. Au nord, elle est bornée par l'Océan arctique, qui comprend les îles lointaines du Spitzberg et de la Nouvelle-Zemble; au sud, par la Méditerranée; à l'est, par les monts Ourals, la mer Caspienne, le mont Caucase et la mer Noire; à l'ouest, par l'Océan atlantique, où se trouve située l'Islande, l'île la plus reculée de l'Europe.

SITUATION. — Cette partie de la terre est située entre le 13.ᵉ degré de longitude occidentale, et le 61.ᵉ degré de longitude orientale; sa latitude s'étend depuis le 36.ᵉ jusqu'au 72.ᵉ degré au nord de l'équateur. C'est la plus petite des grandes divisions du globe; elle le cède même de beaucoup à l'Afrique.

ETENDUE. — Depuis le cap Saint-Vincent, en Portugal, jusqu'aux monts Ourals, la longueur de l'Europe est environ de 1500 lieues, et la largeur depuis le Cap-Nord dans la Laponie, jusqu'au cap Matapan qui forme l'extrémité méridionale de la Grèce, est d'environ 900 lieues.

Division. — L'Europe se dise en quinze contrées, comme on le voit dans le tableau suivant.

CONTRÉES.	NOM ANCIEN.	ÉTATS.	CAPITALES.
NORD.			
États suédois.	*Scandinavie*	Suède...	Stockholm.
		Norwège.	Christiania.
Danemarck.	*Chersonèse Cimbrique.*	......	Copenhague.
Russie d'Europe...	*Sarmatia.*	......	Saint-Pétersbourg. Moscow.
Îles Britanniques.	*Grande-Bretagne.*	Angleterre Écosse. Irlande.	Londres. Edimbourg. Dublin.
MILIEU.			
Pays-Bas...	*Batavie...*	Hollande. Belgique.	La Haie. Amsterdam. Bruxelles.
Allemagne ou Confédération germanique.	*Germanie...*	......	Francfort-sur-le-Mein.
Prusse.....	*Germanie..*	......	Berlin.
Pologne....	*Sarmatia..*	......	Varsovie.
France.....	*Gaule....*	......	Paris.
Suisse.....	*Helvétie...*	......	Berne.
Empire d'Autriche...	*Rhétie....*	Autriche.. Bohême. Hongrie.	Vienne. Prague. Presbourg.
SUD.			
Turquie d'Europe....	*Grèce....*	......	Constantinople.
Italie.....			Turin. Rome. Naples.
Espagne....			Madrid.
Portugal....	*Lusitanie..*	......	Lisbonne.

CHAPITRE PREMIER.

CONTRÉES DU NORD.

ARTICLE PREMIER.

Etats Suédois.

Les Etats suédois renferment la Suède et la Norwège. Cette dernière partie conserva ses rois particuliers jusqu'en 1387. A cette époque, elle fut incorporée au Danemarck, qui céda ce royaume à la Suède en 1814. Nous ferons deux sections des Etats suédois ; nous parlerons d'abord de la Suède, et ensuite de la Norwège.

SECTION PREMIERE.

Aperçu général sur la Suède.

§. PREMIER.

Géographie historique (1).

NOM ANCIEN ET MODERNE. — La Suède,

---

(1) La Géographie se divise en plusieurs bran-

jointe à la Norwège, s'appelait autrefois *Scandinavie ;* son nom moderne paraît venir des Suèves, ancien peuple qui l'habitait, ou bien des forêts qui couvrent ce pays ; car le mot *Suède* signifie, selon les antiquaires, un pays dont les bois ont été brûlés.

POPULATION PRIMITIVE. — La Suède est un des plus anciens royaumes de l'Europe, mais l'histoire de ses premiers temps est encore très-peu connue. Ce pays paraît avoir été primitivement peuplé par les Finlandais, qui furent chassés par les Goths, sept à huit

---

ches. Les principales branches de la Géographie sont ; 1.° la Géographie historique ; 2.° la Géographie mathématique ; 3.° la Géographie physique ou naturelle ; 4.° la Géographie politique ou civile.

La Géographie historique nous fait connaître l'origine des divers peuples de la terre, et les époques les plus remarquables de leur histoire.

La Géographie mathématique détermine la position et la distance des divers lieux de la terre.

La Géographie physique décrit la surface de la terre ; elle embrasse dans ses descriptions la température, le sol, l'aspect d'un pays, ses productions diverses, ses montagnes, ses rivières, ses îles, etc.

La Géographie politique considère la terre comme habitée par divers peuples qui forment autant de sociétés. Elle décrit les mœurs et les usages des peuples, leurs villes, leur gouvernement, leur commerce, etc.

siècles avant l'ère chrétienne. Ces derniers occupèrent la partie méridionale de la Suède, qu'ils ont rendue célèbre par les émigrations qu'ils ont faites sous le nom de Visigoths et d'Ostrogoths.

Histoire. — Après avoir eu ses rois particuliers, la Suède fut unie au Danemarck par la reine Marguerite en 1395, et cette union dura jusqu'en 1520. Les Suédois se révoltèrent alors, et prirent pour leur roi Gustave Wasa, qui les délivra entièrement du joug des Danois. Ce prince rendit la couronne héréditaire dans sa famille, qui donna plusieurs princes célèbres à la Suède, Gustave-Adolphe, qui périt à la bataille de Lutzen, et Charles XII, qu'on a surnommé l'*Alexandre du nord*. En 1808, Gustave-Adolphe IV abdiqua la couronne. Son oncle, qui lui succéda sous le nom de Charles XIII, étant mort sans postérité, adopta Charles-Jean Bernadotte, général Français. Il est monté sur le trône en 1818.

§. II.

Géographie mathématique.

Bornes. — La Suède est bornée au nord,

par la Laponie ; au sud, par la mer Baltique; à l'est, par le golfe de Bothnie; à l'ouest, par la Norwège et le Cattégat.

Situation. — Elle est située entre le 56.° et le 72.° degrés de latitude septentrionale, et entre le 9.° et le 22.° degrés de longitude orientale.

Etendue. — Elle a environ 400 lieues de long, sur 260 de large.

§. III.

Géographie physique.

Climat. — On ne connaît en Suède que deux saisons, neuf mois d'hiver, et trois mois d'un été très-chaud. Pendant cette saison, le soleil y est si ardent, qu'il embrase quelquefois les forêts. Les poêles tempèrent un peu le froid pendant l'hiver, qui est quelquefois si rude, que les habitans ont le nez gelé, ainsi que les extrémités du corps. Le meilleur remède que l'on ait trouvé contre ces accidens, est de frotter avec de la neige les parties attaquées par le froid. Malgré ces deux excès dans la température, on s'y porte bien, et l'on y vit long-temps : les vieillards qui ne passent pas cent ans, méritent à peine ce nom.

Sol. — Le sol de la Suède n'est pas riche ; on y trouve cependant quelques vallées assez fertiles. L'agriculture y est traitée avec beaucoup d'intelligence ; on y récolte du seigle, de l'orge, etc. ; mais la plus grande richesse de la Suède vient de ses mines de cuivre.

Aspect du pays. — Peu de pays offrent à l'œil des sites plus pittoresques. Grands lacs, rivières limpides, ruisseaux sinueux, cataractes sauvages, sombres forêts, belles vallées, énormes rochers, sont autant de tableaux les plus imposans de la nature. A Tornéa, on voit le soleil en été pendant les vingt-quatre heures ; aussi en hiver on a, pendant plusieurs semaines, vingt-quatre heures de nuit ; mais ces longues nuits sont embellies par les clairs de lune, la réverbération des neiges et les aurores boréales.

§. IV.

Géographie politique.

Population. — La population de la Suède est évaluée à deux millions six cents mille habitans.

Qualités physiques, mœurs, usages des habitans. — Les mœurs des grands, en Suède, ressemblent tellement à celles des Français, les gens du peuple y sont si vifs, si affables, qu'on les a appelés les *Français du nord*. Les Suédois sont assez bien faits, robustes, bons soldats, et capables de supporter les plus grandes fatigues. Le teint, qui est généralement beau dans les contrées septentrionales, est très-varié en Suède. C'est surtout dans le royaume de Gothie qu'on voit dominer les cheveux blonds, les yeux bleus, les tailles moyennes et sveltes, les physionomies ouvertes. En avançant vers le nord, on voit paraître les cheveux noirs, les yeux enfoncés, les regards farouches, mais aussi plus vifs, plus expressifs, les muscles prononcés, la taille gigantesque. La noblesse suédoise réside peu dans les villes, et se livre aux honorables soins de l'économie rurale. Elle se rassemble momentanément, soit dans la capitale, soit dans les chefs-lieux des provinces, à l'époque des foires ou de Noël.

LITTÉRATURE. — La littérature suédoise ne remonte pas au-delà du 14.ᵉ siècle; mais dans ces derniers temps, la Suède a cueilli la palme du génie dans plusieurs parties de la littérature et de la philosophie. Son éclat, à cet égard, date de l'époque où la reine

Christine appela près d'elle Grotius, Descartes et d'autres hommes célèbres, et, par ce moyen, répandit le germe des sciences, qui commencèrent à prospérer sous le règne de Charles XI. Dans le siècle suivant, Linnée seul donna une grande gloire à la littérature suédoise. La Suède a aussi ses historiens, ses poëtes, ses orateurs, et les progrès des sciences y sont soutenus par plusieurs académies.

Religion. — Le luthéranisme est la religion de la Suède. Il y a aussi beaucoup de catholiques.

Capitale. — La capitale de la Suède est Stockholm. Sa situation merveilleuse et tout-à-fait pittoresque, frappe les étrangers. Elle est bâtie sur pilotis, et s'étend sur sept ou huit petites îles pierreuses ; un grand nombre de rochers de granit s'élèvent au-dessus de l'eau, et présentent l'aspect le plus hardi: quelques-uns sont nus et arides, d'autres sont décorés de maisons et couverts de bois. Elle fut fondée par le comte Birger, vers le milieu du 13.ᵉ siècle. Les rois, qui auparavant résidaient à Upsal, y fixèrent leur séjour dans le 17.ᵉ siècle. Le port est spacieux et commode, quoique d'un accès difficile, parce qu'il n'y a point de marées ;

cependant le bassin est si profond, que les vaisseaux les plus considérables peuvent approcher jusque sous les murs du quai. A l'extrémité du port, plusieurs rues s'élèvent l'une au-dessus de l'autre, et forment un amphithéâtre, dont le sommet est couronné par le palais du roi.

Division. — La Suède se divise en trois parties, comme on le voit dans le tableau suivant.

DIVISION DE LA SUÈDE.

PROVINCES, 3.	PRÉFECTURES OU LANS, 25.	CHEFS-LIEUX.
Suède septentrionale ou Norrland.	Norrbotten.	Tornea.
	Wasterbotten.	Umea.
	Waster-Norland.	Hernosand.
	Jamtland.	Oestersund.
Smaland ou Suède propre, intérieure ou centrale.	Stockolm, ville.	Stockolm.
	Stockolm, lan.	
	Upsal.	Upsal.
	Westeras.	Westeras.
	Nykoping.	Nykoping.
	Orebro.	Orebro.
	Carlstadt.	Carlstadt.
	Stora-Kopparberg.	Falun.
	Gefleborg.	Gefle.
Gothland ou Suède méridionale.	Linkoping.	Linkoping.
	Calmar.	Calmar.
	Jonkoping.	Jonkoping.
	Kronoberg.	Wexio.
	Bleking.	Carlscrona.
	Skaraborg.	Mariestad.
	Elfsborg.	Wenerborg.
	Gothenbourg.	Gothenbourg.
	Halmstad ou Halland.	Halmstad.
	Christianstad.	Christianstad.
	Malmohus.	Malmo.
	Gottland, île.	Wisby.

SECTION II.

Aperçu général sur la Norwège.

§. PREMIER.

Géographie historique.

Nom ancien et moderne. — La Norwège, jointe à la Suède, s'appelait succinctement, ou plutôt dans le moyen âge, *Scandinavie*, car elle n'était pas connue des anciens. Son nom moderne signifie chemin du nord.

Population primitive. — Les premiers peuples de la Norwège ont été les Finlandais et les Lapons, chassés ensuite vers les régions septentrionales, par les Goths.

Depuis le 6.ᵉ siècle après Jésus-Christ, les Norwégiens se sont rendus formidables dans leurs expéditions maritimes. Ils fondèrent des États dans les îles britanniques; en France, où ils conquirent la Normandie; en Russie, à Naples et en Sicile. La Norwège a formé un royaume particulier depuis 875 jusqu'en 1395. Elle fut alors unie au Danemarck par la reine Marguerite, et elle l'a toujours été jusqu'en 1815, qu'elle fut cédée à la Suède.

§. II.

Géographie mathématique.

BORNES. — La Norwège est bornée, au nord, par la mer Glaciale ; au sud, par le Cattégat, qui la sépare du Danemarck ; à l'est, par la Suède, et à l'ouest, par l'Océan atlantique.

SITUATION. — Elle est située entre le 58.° et le 71.° degrés de latitude septentrionale, et entre le 3.° et le 10.° degrés de longitude orientale.

ÉTENDUE. — Elle a environ 325 lieues de long sur 100 de large.

§. III.

Géographie physique.

CLIMAT. — Le climat de la Norwège varie beaucoup à cause de son étendue. Vers le centre, l'hiver est assez modéré ; mais les parties septentionales sont ordinairement couvertes de neige. Le froid y commence vers le milieu d'Octobre ; il est très-rigoureux jusqu'au milieu d'Avril.

Sol. — Le sol est loin de suffire aux besoins des habitans ; il abonde néanmoins en pâturages et en bestiaux, que l'on conduit en été sur les montagnes. Depuis quelques temps on y a tellement encouragé l'agriculture, que la valeur des biens y a beaucoup augmenté.

Aspect du pays. — La Norwège offre un pays des plus montueux de l'Europe ; mais au sud, elle possède des cantons d'une grande fertilité. Le paysage y est agréablement entrecoupé par des lacs, des ruisseaux nombreux et des cabanes assises sur le sommet des rochers, au milieu d'épaisses forêts. La région du Cap-Nord offre une image de dévastation et d'horreur : la nature y est entièrement morte.

§. IV.

Géographie politique.

Population. — La population de la Norwège est évaluée à neuf cent cinquante mille habitans.

Qualités physiques, Moeurs et usages. — Les Norwégiens sont vigoureux et bons matelots ; leur taille est médiocre. Les Lapons qui occupent l'extrémité la plus septentrionale de la

Norwège, sont petits en général ; ils ont quatre pieds de taille, de courts cheveux noirs, de petits yeux bruns, une grosse tête, une grande bouche, de grosses lèvres, et un teint basané. Les Norwégiens ont de la vivacité, de la franchise, un caractère ouvert, et de l'intrépidité sans insolence. Ils ne connaissent ni les désirs du luxe, ni les inquiétudes du besoin : cette douce situation prolonge beaucoup la durée de leur vie, et à l'âge de cent ans un Norwégien ne passe pas pour être hors d'état de travailler. En 1733, quatre couples, dont les âges réunis excédaient huit cents ans, dansèrent devant le roi. Au lieu de prendre des précautions contre l'inclémence de l'air, les Norwégiens la bravent, et s'exposent au froid sans couvrir ni leur cou, ni leur poitrine. Quant aux commodités de la vie, ils paraissent ne le céder qu'aux Suisses. Ils se nourrissent communément d'un pain fait de gruau d'avoine.

Religion. — Le luthéranisme est la religion de la Norwège.

Capitale. — La capitale de la Norwège est *Christiania*. C'est sans contredit la plus jolie ville du pays ; elle a un bon port à l'extrémité du golfe du même nom : elle fut fondée, en 1624, par Christian IV. Ses environs offrent un coup d'œil enchanteur et difficile à peindre.

Curiosités. — A l'occident de la Norwège est le golfe de *Maelstrom*; il forme un tournant d'une étendue et d'une profondeur immense, et dont le mouvement circulaire est si violent, que pour peu qu'un navire en approche, il y est entraîné, englouti jusqu'au fond, et brisé contre les écueils.

Division. — On divise la Norwège comme on le voit dans le tableau suivant.

DIVISION DE LA NORWÈGE.

ANCIENS GOUVERNEMENS ou DIOCÈSES, 4.	GRANDES DIVISIONS PHYSIQUES et administratives. 3.	BAILLIAGES ou DISTRICTS, sans les comtés de Jarlsberget de Laurvig, 16.	CHEFS-LIEUX.
Partie du Drontheim.	Norland, ou partie la plus septentrionale.	Finmarck, Nordland, propre.	Altengaard.
Drontheim-Bergen.	Nordenfield, ou région au nord des montagnes.	N. Drontheim. S. Drontheim. Romsdal. N. Bergen. S. Bergen avec la baronnie de Rosendahl.	Bergen.
Aggerhuus, Christiansand.	Sodenfield, ou région au sud des montagnes.	Aggerhuus. Smaalehnen. Hedemark. Christian. Buskerud. Bradsberg. Nedenas. Mandal. Stavanger. Comtés de Jarlsberg et de Laurvig.	Christiania.

ARTICLE II.

Aperçu sur le Danemarck.

§. PREMIER.

Géographie historique.

Nom ancien et moderne. — La presqu'île de *Jutland*, s'appelait autrefois la *Chersonèse-Cimbrique*, du nom des Cimbres, ses premiers habitans. Le nom moderne de Danemarck, donné à cette presqu'île, vient des Danois, dernier peuple qui habite ce pays, et qui furent ainsi appelés d'un de leurs premiers chefs, nommé *Dan*.

Population primitive. — Les *Cimbres* ou *Celtes* septentrionaux paraissent avoir été habitans du Danemarck. Ne pouvant plus subsister dans leur patrie, ils s'unirent aux Teutons leurs voisins, s'avancèrent vers le midi, et se jetèrent sur le territoire de la république romaine; mais ils furent exterminés par *Marius*. Ceux qui restèrent dans le pays furent appelés *Jutes*, et c'est d'eux qu'est venu le nom de Jutland, donné à la presqu'île du Danemarck. C'est de ce pays que partirent ces peuples connus dans l'histoire, sous le nom de Normands, et qui se jetèrent sur la France et l'Angleterre, et y dominèrent pendant vingt-cinq ans. Dans les temps modernes, cette contrée a toujours conservé son indépendance.

§. II.

Géographie mathématique.

BORNES. — Le Danemarck est borné, au nord et à l'ouest, par la mer du Nord; au sud, par l'Allemagne, et à l'est, par la mer Baltique.

SITUATION. — Il est situé entre le 53.ᵉ et le 58.ᵉ degrés de latitude septentrionale, et entre le 6.ᵉ et le 11.ᵉ degrés de longitude orientale.

ETENDUE. Il a environ 125 lieues de longueur sur 100 de large.

§. III.

Géographie physique.

CLIMAT. — Le climat du Danemarck est

humide. Le printemps et l'automne y sont deux saisons presqu'inconnues ; on y passe subitement du froid au chaud. Dans la partie septentrionale de ce pays, on ressent des hivers si rigoureux, que les habitans passent la mer en patinant sur la glace.

ASPECT DU PAYS. — Le Danemarck offre des aspects très-variés. L'île de *Sécland* est un pays agréable et fertile. On peut en dire autant de l'île de *Fionie*, qui est aussi-bien cultivée que les comtés d'Angleterre. Le Jutland est moins fertile que les îles. Sur la côte occidentale, il offre beaucoup de landes élevées et de vastes forêts. Au centre de la partie septentrionale, il a néanmoins de bons pâturages.

SOL. — Le sol est assez fertile. Au sud du Jutland, l'agriculture peut être comparée à celle d'Angleterre. Les champs, enclos de haies et de fossés, sont semés en blé, orge, seigle, et surtout en sarrasin, qui est la principale subsistance des habitans. Au nord, la culture est moins parfaite.

§. IV.

Géographie politique.

POPULATION. — La population du Danemarck est évaluée à un million six cent mille habitans.

MOEURS, USAGES. — Les Danois aiment beaucoup les arts et les sciences, qu'ils cultivent avec soin. Les mœurs et les coutumes des classes supérieures diffèrent peu de celles des mêmes classes dans les autres parties de l'Europe. Le peuple est, en général, bon, laborieux et soumis à ses chefs.

LITTÉRATURE. — La littérature du Danemarck n'est pas ancienne. Son origine est postérieure à l'introduction du christianisme, qui n'eut lieu, dans ce pays, que vers le onzième siècle. Après la renaissance des lettres, le Danemarck conserva son ascendant sur la Suède. Tycho-Brahé, connu par son système du monde, était Danois.

RELIGION. — Le luthéranisme est la religion de l'Etat. Cependant les catholiques peuvent y exercer librement leur religion; ils peuvent même obtenir des emplois et des dignités.

CAPITALE. — La capitale du Danemarck, est *Copenhague*. Elle est située sur le détroit du Sund, et présente un aspect magnifique. Cette ville est belle, forte et défendue par quatre citadelles. Son port est aussi sûr que commode : il peut contenir 500 vaisseaux. On trouve à Copenhague une tour qui est construite de manière qu'un carrosse peut monter juusqu'à la plate-forme.

DIVISION. — On divise le Danemarck, comme on le voit dans le tableau suivant.

DIVISION DU DANEMARCK.

SITUATION.	PAYS ET ILES.	PROVINCES OU DISTRICTS, 7.	CHEFS-LIEUX.
Dans la mer du nord.	Jutland.	Aalborg. Wiborg. Aarhuus. Ribe. Schleswig.	Aalborg. Wiborg. Aarhuus. Ribe. Schleswig.
	Duchés en Allemagne.	Holstein. Lauenbourg.	Kiel. Lauenbourg.
Dans l'Océan glacial asétique.	Islande.		Reikiavik. Skalhot.
Dans la mer Baltique.	Seeland Fionie Laland Falster Moen Bornholm		Copenhague. Odensée. Naksnow. Nykiobing. Steege. Ronne.

APPENDICE AU DANEMARCK.

Islande.

Découverte, situation, étendue. — L'Islande, que l'on croit être la Thulé des anciens, fut découverte en 861, par un pirate qui y fut jeté par une tempête. Elle est située dans la mer Glaciale. Elle a environ 120 lieues de long sur 75 de large.

Climat. — Le climat de l'Islande est moins rigoureux que sa latitude ne le ferait présumer; mais l'atmosphère y subit de fréquentes variations.

Sol. — Le sol de cette île est stérile : les fruits y mûrissent rarement. On y remarque plusieurs volcans, dont le plus considérable est le mont *Hécla*. L'Islande et le Danemarck exportent beaucoup d'édredon.

Moeurs. — Privés par leur situation et par la pauvreté de leur pays, de tous les avantages et des productions que la nature prodigue aux climats plus heureux, les Islandais ne se doutent pas qu'il existe d'autre contrée plus avantagée du ciel que la leur. Ils mangent leur poisson cru et séché, avec la plus grande gaîté de cœur. L'amour de la patrie est aussi fort chez eux que chez tout autre peuple. Ni les volcans qui ont si souvent bouleversé leur pays, ni les tremblemens de terre qui ont occasioné la disette et la famine, n'ont pu leur faire abandonner leur île chérie.

CAPITALE ET CURIOSITÉS. — La capitale-de de l'Islande est *Skalhot ;* elle est située au sud de l'île : près de cette ville, on trouve quarante fontaines bouillantes, dont les eaux sont de différentes couleurs, et s'élancent à des hauteurs plus ou moins considérables. Au centre est la source principale, appelée *Gayser*, qui, dans ses éruptions, s'élance en colonne continue. Quelquefois cette colonne se partage en plusieurs jets. Quelques-uns ne sont plus continus, mais d'autres leur succèdent aussitôt, et les suivent, coup sur coup, comme de fusées volantes. La mesure prise dans une éruption du Gayser, donna une élévation de 212 pieds.

ARTICLE III.

Aperçu général sur la Russie d'Europe.

§. PREMIER.

Géographie historique.

Ce qu'on entend par Russie d'Europe. — La Russie d'Europe n'est qu'une partie du vaste empire russe, qui s'étend depuis les mers du Japon jusqu'à la mer Baltique, et depuis le pôle arctique jusqu'au *Phase*, espace deux fois plus grand que l'Europe. Sous le rapport de l'étendue, il surpasse l'empire d'Alexandre et celui des Césars ; mais la domination romaine comprenait les provinces du monde les plus fertiles et les mieux policées, tandis que la moitié des possessions russes offre l'aspect d'une solitude profonde.

Nom. — La Russie d'Europe faisait autrefois partie de la Sarmatie européenne (Son nom vient de Ruténi, un des anciens peuples qui l'habitaient.) Au milieu des peuples nombreux de l'occident qui s'élèverent sur les ruines de l'empire romain, la tribu esclavonne des *Rossi* se déroba à l'œil de l'histoire jusqu'au neuvième siècle, et l'on ignore si cette dénomination lui appartenait en propre, ou si elle ne fut pas introduite par quelqu'un des chefs Scandinaves qui fondèrent la monarchie russe. Au seizième siècle, lorsque la Russie commença à attirer les regards de l'Europe, le nouveau nom de Moscovie, emprunté de celui de la capitale, s'accrédita parmi les étrangers, et il n'est même pas entièrement hors d'usage.

Population primitive. — La plus grande partie de la population de la Russie d'Europe est évidemment de régime esclavonne. Les Esclavons sont une race nombreuse et primitive du genre humain, essentiellement distincte des Goths : ces derniers, occupant des contrées plus occidentales, doivent avoir passé d'Asie en Europe avant les Esclavons, qui sont les Sarmates ou Scythes des anciens.

Histoire. Jusqu'au 16.ᵉ siècle, la Russie fut peu connue de l'Europe. Après plusieurs révolutions que les princes Tartares firent éprouver à sa fortune, elle s'affranchit de la dépendance de ces barbares, vers l'an 1462 ; mais elle fut redevable du grand essor qu'elle prit à Ivan IV, dont le règne dura jusqu'en 1584. Ce prince conquit le royame d'Astracan et quelques provinces au nord-ouest. Son successeur, Féodor I.er, y ajouta la Sibérie. La Russie n'est sortie de la barbarie que depuis le czar Pierre I.er, au commencement du 18.e siècle. Ce souverain y introduisit les sciences et les arts de l'Europe. Depuis lors, la Russie s'est agrandie aux dépens de la *Turquie* et de la *Pologne*, de la *Suède* et de l'*Autriche*.

§. II.
Géographie mathématique.

BORNES. — La Russie d'Europe est bornée, au nord, par la mer Glaciale; au sud, par la Turquie d'Europe et la mer Noire; à l'est, par la Russie d'Asie; à l'ouest, par la mer Baltique, la Pologne et la Turquie d'Europe.

SITUATION. — Elle est située entre le 44.e et le 72.e degrés de latitude septentrionale, et entre le 18.e et le 60.e degrés de longitude orientale.

ETENDUE. — Elle a environ 700 lieues de longueur sur 650 de largeur.

§. III.

Géographie physique.

Climat. — La Russie d'Europe, ainsi qu'on doit l'attendre de la diversité de ses latitudes, offre toutes les variétés de climat, depuis celui de la Laponie jusqu'à celui de l'Italie. A Saint-Pétersbourg, la Néva est gelée tous les ans depuis Novembre jusqu'en Mars ou Avril. Dans la partie septentrionale, le soleil n'est pas visible depuis le milieu d'Octobre jusqu'en Février, tandis qu'il ne se couche point durant les mois de Juin et de Juillet. L'hiver y est aussi fort rigoureux. Lorsque les habitans sortent de leurs maisons, le froid leur fait verser des larmes, qui gèlent aussitôt, et restent suspendues aux cils en forme de glaçons. Dans quelques hivers très-rudes, on a vu des charretiers, assis sur leurs charrettes, mourir gelés dans cette posture. Les régions intermédiaires jouissent de la douce température de l'Angleterre et de l'Allemagne.

Sol. — Le sol est aussi varié que le climat dans la Russie d'Europe, depuis les marais glacés qui bordent la mer Noire et la mer Glaciale, jusqu'aux riches campagnes qui embellissent les rives du Volga. Les contrées de l'Ukraine pourraient fournir de blé l'Europe entière ; mais dans la Livonie, malgré l'intelligence du cultivateur, les grains ne rapportent jamais plus de cinq pour un. L'agriculture est à peine connue dans les parties septentrionales des gouvernemens d'Olonets et d'Arkangel. Le seigle est le plus généralement cultivé dans le nord, et le blé dans les provinces méridionales et intermédiaires.

ASPECT DU PAYS. — Dans un si vaste empire, l'aspect du pays doit aussi varier beaucoup ; mais un des traits principaux de la Russie d'Europe consiste dans l'immensité de ses plaines, qui rivalisent, en grandeur, avec les déserts de l'Asie et de l'Afrique. On ne trouve de montagnes que sur les limites. Les nombreuses et majestueuses rivières sont encore un des caractères distinctifs de cet empire.

§. IV.

Géographie politique.

POPULATION. — La population de la Russie

d'Europe est évaluée à cinquante-six millions d'habitans.

Mœurs, usages des habitans. — On conçoit que dans un empire qui contient une si grande multitude de peuples, les mœurs et les coutumes doivent être très-variées. Dans la Russie d'Europe on distingue les Lapons, à l'orient des monts Olonets ; les Finlandais de la mer Blanche et de la mer Baltique ; les Esclavons au centre, et les Tartares de la Tauride, belle région qui forme l'extrémité sud-est de l'Europe.

Les Lapons, remarquables par la petitesse de leur taille, feraient aimer la simplicité de leurs mœurs, si leur physique était moins hideux.

Les Finlandais, en général plutôt petits que grands, ont la figure applatie, les joues creuses, les yeux gris foncé, les cheveux tannés et le teint blême.

Les Esclavons Russes, qui sont comme l'âme de tout l'empire, ont une taille moyenne et de la vigueur. Les Russes souffrent patiemment la faim et la soif ; ils ne connaissent presque qu'un seul remède pour toutes les maladies : ce sont des bains froids ou des bains de vapeur. Ils sont très-hospitaliers : leur manière de vivre ressemble beaucoup à celle des Français, dont ils savent la langue parfaitement. Ils sont, en général, vigoureux et durs au travail, particulièrement à la guerre.

Religion. — Les Russes font partie de l'église grecque ; mais il y a dans la Russie d'Europe beaucoup de catholiques qui ont leurs évêques particuliers.

Capitale. — La capitale de la Russie d'Europe était autrefois *Moskou ;* c'est aujourd'hui *Saint-Pétersbourg*. Elle est située sur la Néva. En 1703, ce n'était qu'un marais divisé en neuf îles, où quelques pêcheurs avaient établi leurs cabanes. Pierre-le-Grand entreprit d'en faire une ville considérable, et y réussit. Elle a aujourd'hui deux lieues d'étendue en tout sens, et une citadelle. On admire sur une de ses places, la statue de Pierre-le-Grand, placé sur un rocher énorme, dont le transport a occasioné des chefs-d'œuvre mécaniques. Ce rocher pesait trois millions ; il fut transporté une lieue et demie par terre, et trois lieues et demie par eau. Les quais sont très-beaux et construits en granit ; mais la plupart des maisons sont en bois. Le voisinage du golfe de Finlande rend cette ville très-commerçante. Les environs de Saint-Pétersbourg sont embellis par un grand nombre de jardins et de maisons de campagne.

Division. — On divise la Russie d'Europe en 46 gouvernemens et quatre provinces, comme on le voit dans le tableau suivant.

RUSSIE D'EUROPE.

SITUATION.	GOUVERNEMENS 46, et 4 Provinces.	CHEFS-LIEUX.
Au Nord,	Arkhangel.	Arkhangel.
	Finlande	Helsingfors.
	Olonets	Petrozavodsk.
	Saint-Pétersbourg.	Saint-Pétersbourg.
	Esthonie ou Rével.	Rével.
	Livonie ou Riga.	Riga.
	Pskof.	Pskof.
	Novogorod	Novogorod.
	Vologda.	Vologda.
	Tver	Tver.
	Jaroslavl	Jaroslavl.
	Kostroma.	Kostroma.
Au Centre,	Smolensk.	Smolensk.
	Moscou.	Moscou.
	Vladimir.	Vladimir.
	Nijnei-Novgorod.	Nijnei-Novgorod.
	Kalouga.	Kalouga.
	Toula.	Toula.
	Riazan	Riazan.
	Tambof.	Tambof.
	Orel.	Orel.
	Koursk.	Koursk.
	Voronèje.	Voronèje.
	Tchernigof.	Tchernigof.
	Poltava.	Poltava.
	Slobodes d'Ukraine	Kharkof.

SITUATION.	GOUVERNEMENS 46, et 4 Provinces.	CHEFS-LIEUX.
Au Sud,	Kiew.	Kiew.
	Kherson.	Kherson.
	Ekaterinoslaf.	Ekaterinoslaf.
	Tauride.	Simféropol.
	Bessarabie, *prov.*	Kischenau.
A l'Est,	Perm.	Perm.
	Viatka.	Viatka.
	Orembourg.	Oufa.
	Cazan.	Cazan.
	Simbirsk.	Simbirsk.
	Penza.	Penza.
	Saratof.	Saratof.
Au Sud-Est,	Cosaques du Don, *province.*	Tscherskask.
	Caucase, *province.*	Stavropol.
	Astrakhan.	Astrakhan.
A l'Ouest, partie de la Pologne.	Courlande.	Mittau.
	Vitebsk.	Vitebsk.
	Mohilev.	Mohilev.
	Minsk.	Minsk.
	Vilna.	Vilna.
	Grodno.	Grodno.
	Bialystok, *prov.*	Bialystok.
	Volhynie.	Shitomir.
	Podolie.	Kamenetz.
Dans la mer Baltique.	Ile de Dago.	
	Ile d'OEsel.	Arensbourg.
	Ile d'Aland.	Castelhom.

ARTICLE IV.

Empire Britannique.

L'empire britannique se compose des royaumes réunis d'Angleterre, d'Ecosse et d'Irlande, et de riches et puissantes colonies dans les Indes. Nous ne ferons connaître ici que la partie européenne de cet empire, c'est-à-dire, les îles Britanniques. On donne ce nom à l'île qui renferme l'Angleterre et l'Ecose, et à l'île d'Irlande. La première de ces deux îles est aussi appelée *Grande-Bretagne.*

Vu l'importance politique de cette puissance, et son influence sur les destinées du monde, elle mérite, ainsi que la France et la Russie, une description plus détaillée que les autres Etats de l'Europe. Nous envisagerons séparément chacun des trois royaumes qui la composent, et qui, d'ailleurs, diffèrent par la nature de leur sol, leur population primitive, le caractère et les mœurs de leurs habitans.

SECTION PREMIÉRE.

Aperçu général sur l'Angleterre.

§. PREMIER.

Géographie historique.

NOM ANCIEN ET MODERNE. — On croit que les Phéniciens pénétrèrent très-anciennement dans la *Grande-Bretagne* et l'*Irlande*, et que le mot Bretagne dérive d'un mot phénicien. D'autres prétendent, avec plus de probabilité, que ce nom tire son origine des *Bréts*, tribu indigène, de la dénomination de laquelle on trouve des traces chez les Scythes et chez les Gaulois. Le nom d'Angleterre dérive des *Angles*, peuples de la *Chersonèse-Cimbrique*, ou Jutland moderne, qui s'établirent au nord de cette île, dans le cinquième siècle.

POPULATION PRIMITIVE. — Il paraît que les Celtes ont été les plus anciens habitans de l'Angleterre. Aux Celtes succèdèrent les *Scythes* ou *Goths*, qui, après s'être établis aussi dans la Belgique, passèrent en Angleterre, et peuplèrent la partie méridionale.

Les Saxons, les Angles et autres peuples du nord s'y établirent dans la suite.

HISTOIRE. —Jules-César, après la conquête des Gaules, fit une descente en Angleterre, mais sans y faire de grands progrès. Vespasien, sous l'empereur Claude, en commença la conquête, qui fut achevée sous Domitien. Adrien y fit bâtir une muraille pour arrêter les courses des Pictes ou Ecossais, qu'on ne pouvait réduire. Au commencement du cinquième siècle, les Bretons se voyant abandonnés des légions romaines, dont on avait besoin dans les Gaules, appelèrent à leurs secours les *Angles* et les Saxons. Ces défenseurs repoussèrent les Pictes ; mais les Bretons eux-mêmes se virent chassés à leur tour. Ils se retirèrent, les uns dans le pays de Galles, les autres dans une province de la Gaule, qui prit de là le nom de *Bretagne*.

Vers cette époque, les principaux chefs des conquérans formèrent une heptarchie, composée de sept royaumes, qui prirent le nom d'Angleterre, et qui furent ensuite réunis en un seul royaume. Édouard, le dernier de ces rois, appela à son trône Guillaume, duc de Normandie, dit le **Conquérant**. Après les guerres civiles entre les maisons de Lancastre et d'Yorck, sous le nom de *Rose rouge* et de *Rose blanche*, et la réunion de ces deux maisons dans la personne de Henri VII; Henri VIII, son fils, se sépara de l'église catholique. Elisabeth, sa fille, qui lui succéda, donna à la religion établie par son père, la forme qu'elle a aujourd'hui. Elle appela après elle, *Jacques*, roi d'Ecosse, fils de *Marie Stuart*, qu'elle avait fait décapiter. Charles I.er, fils de Jacques, eut la tête tranchée en 1649. Charles II, son fils, ne remonta sur le trône que dix ans après la mort de Cromwel. Jacques II, son frère, lui succéda, et fut chassé, trois ans après, par Guillaume, prince d'Orange. Dans la suite, les Anglais appelèrent *George* d'Hanovre, dont la famille occupe aujourd'hui le trône.

§. II.

Géographie mathématique.

BORNES. — L'Angleterre est bornée, au nord, par l'Ecosse, et des trois autres côtés, par la mer.

SITUATION. — Elle est située entre le 50.e et le 56.e degrés de latitude septentrionale, et entre le 2.ᵉ et le 8.ᵉ degrés de longitude occidentale.

ETENDUE. — Elle a environ 150 lieues de long sur 120 de large.

§. III.

Géographie physique.

CLIMAT. — Le climat de la Grande-Bretagne est peut-être le plus variable de toute la terre. Les côtes de l'ouest sont particulièrement sujettes à des pluies fréquentes. Cette humidité donne aux prairies et à la verdure un ton de fraîcheur inconnu dans les autres pays ; mais elle cause aussi des rhumes et des catarrhes qui occasionnent des maladies souvent mortelles.

L'Angleterre n'a guère que deux saisons, un hiver de huit mois, et un été de quatre. La plupart du temps on n'y voit ni printemps, ni automne. Les vents d'est, qui prévalent en Mai, ne détruisent que trop souvent l'espérance de l'année. L'hiver commence en Octobre, et l'été en Juin.

SOL. — Le sol anglais est très-varié et généralement fertile, et il n'y a pas de pays où l'on entende aussi-bien l'agriculture. La plupart des seigneurs habitent leurs terres en été; souvent ils font valoir eux-mêmes des fermes considérables, et encouragent les améliorations rurales. Le mélange alternatif des cultures, l'irrigation des prairies, les changemens réguliers des fourrages, appropriés à la qualité du sol, les principes scientifiques appliqués à l'art des dessèchemens, des méthodes pour le perfectionnement des bêtes à laines et du gros bétail, tels sont les progrès récens de l'agriculture en Angleterre. L'art du jardinage y est aussi pratiqué avec beaucoup de succès.

Aspect du pays. — Rien n'égale la beauté des aspects qu'offrent les parties cultivées de l'Angleterre. Le mélange des terres à blé, avec les prairies, forme un spectacle varié que les yeux contemplent avec une satisfaction délicieuse. Des châteaux magnifiques, des maisons commodes, des villages rians, des plaines fertiles, des fermes opulentes, tout présente l'agriculture dans sa splendeur, le commerce dans son éclat, et le résultat de l'art et du travail, du goût, de l'aisance et de l'émulation.

§. IV.

Géographie politique.

Population. — La population de l'Angleterre est évalue à douze millions d'habitans.

Mœurs, coutumes, usages. — La singularité des mœurs anglaises a souvent excité la surprise des étrangers, et même des écrivains nationaux, qui ont tâché d'en expliquer les causes physiques et morales : la grande liberté avec laquelle chaque individu peut se livrer à ses inclinations favorites, et la perpétuelle variation du climat, y ont, en effet, la première part.

Les Anglais sont, en général, adroits, ingénieux, bons pilotes. Le peuple conserve encore dans le caractère une teinte de férocité ; témoin la lutte et le pugilat, auxquels il s'exerce avec fureur, et qu'il appelle l'art de *boxer*. Souvent la mort suit de près ces cruels combats. On croit que les Anglais mangent beaucoup de viande ; mais depuis qu'ils connaissent les pommes de terre et autres bons légumes, cette opinion a été révoquée en doute. Ils boivent beaucoup de petite bière ; on prend beaucoup de thé ; on y fait un usage immodéré des liqueurs fortes, vrai fléau des tempéramens et de la morale parmi les peuples.

LANGAGE. — La plupart des langues de l'Europe doivent leur existence à celle des Goths ou à celle des Latins. L'*Italien*, le *Français*, l'*Espagnol*, viennent du latin. La langue gothique a formé l'Allemand, le Hollandais, le Flamand, le Suédois, le Danois, le Norwégien. La situation de l'Angleterre, jointe à plusieurs autres causes, font que sa langue participe de ces deux grandes sources.

LITTÉRATURE. — La littérature anglaise offre un champ aussi vaste qu'intéressant. Après avoir été ruinée dès ses commencemens, elle marcha d'un pas ferme dans le 12.º siècle. On vit éclore plusieurs historiens, plusieurs poëtes et d'autres écrivains. Bacon brilla dans le 14.º siècle ; l'imprimerie s'établit en Angleterre sous le règne d'Edouard IV ; les écrivains du seizième siècle et des siècles suivans, sont en grand nombre et très-connus. Les principaux sont *Shakespeare*, que les Anglais ont appelé *Divin* ; Dryden, auteur d'une traduction en vers de Virgile, ouvrage fort estimé ; *Pope*, traducteur d'Homère ;

Milton, *Newton*, *Locke*. Un trait frappant caractérise la littérature anglaise ; c'est un génie original.

RELIGION. — Le calvinisme est la religion de l'Etat ; cependant beaucoup de familles y professent la religion catholique.

CAPITALE. — La capitale de l'Angleterre est *Londres*. Elle est située dans une vaste plaine qu'arrose la Tamise, et bornée au nord par quelques hauteurs : elle existait du temps de Tacite, qui en fait mention. Comme Londres est environ à vingt lieues dans les terres, elle jouit, par le moyen de la Tamise, de tous les bienfaits de la navigation, sans redouter la surprise d'une flotte ennemie, et sans être exposée aux insalubrités des vapeurs humides de la mer. Elle commence avec une régularité imposante du côté de l'eau, s'étend sur les deux rives, parcourt une longueur prodigieuse de l'*est* à l'*ouest*, s'élève en cercle d'amphithéâtre vers le nord, et se prolonge à près de sept lieues à la ronde, par une suite de magnifiques maisons de plaisance, et de villages très-peuplés, domiciles champêtres de nobles et de négocians qui vont s'y délasser du tourbillon des affaires, et y respirer un air plus pur. L'aspect de cette capitale offre le tableau varié de la société humaine : elle renferme un million d'habitans. La Tamise a, dans cette ville, mille trois cent vingt pieds de large ; trois ponts la traversent. Ses rues, peu régulières, sont inférieures à celles de Paris ; mais elles sont très-bien pavées, et ont des trottoirs de chaque côté, marque de respect qu'on n'a montré aux piétons dans presque aucune autre capitale d'Europe. On admire plusieurs édifices à Londres, entr'autres l'église de Saint-Paul, qui est aujourd'hui la plus belle de l'Europe, après Saint-Pierre de Rome.

DIVISION. — L'Angleterre est divisée en cinquante-deux comtés, comme on le voit dans le tableau suivant.

ANGLETERRE.

SITUATION.	COMTÉS OU SHIRES.	CHEFS-LIEUX.
Au Nord,	Nortumberland	Newcastle.
	Cumberland	Carlisle.
	Westmoreland	Kendale.
	Durham	Durham.
	York	York.
	Lancastre	Lancastre.
Au Centre,	Chester ou Cheshire	Chester.
	Derby	Derby.
	Nottingham	Nottingham.
	Lincoln	Lincoln.
	Shrop	Shrewsbury.
	Stafford	Stafford.
	Leicester	Leicester.
	Rutland	Okeham.
	Hereford	Hereford.
	Worcester	Worcester.
	Warwick	Warwick.
	Northampton	Northampton.
	Huntingdon	Huntingdon.
	Monmouth	Monmouth.
	Glocester	Glocester.
	Oxford	Oxford.
	Buckingham	Buckingham.
	Bedford	Bedford.

SITUATION.	COMTÉS OU SHIRES.	CHEFS-LIEUX.
A l'Est,	Norfolk.......	Norwich.
	Suffolk.......	Ipswich.
	Cambridge.....	Cambridge.
	Hertford......	Hertford.
	Essex.........	Chelmsford.
	Middlesex.....	Londres.
Au Sud,	Kent..........	Cantorbery.
	Sussex........	Chichester.
	Surry.........	Guilford.
	Hants ou Hampshire.	Winchester.
	Berks.........	Reading.
	Wilts.........	Salisbury.
	Somerset......	Bath.
	Dorset........	Dorchester.
	Devon.........	Exeter.
	Cornouailles...	Launceston.
A l'Ouest, principauté de Galles. Nord.	Anglesey......	Beaumaris.
	Caernarvon....	Caernarvon.
	Denbigh.......	Denbigh.
	Flint.........	Flint.
	Merioneth.....	Dolgelly.
	Montgomery....	Montgomery.
Sud.	Radnor........	Presteign.
	Cardigan......	Cardigan.
	Pembroke......	Pembroke.
	Caermarthen...	Caermarthen.
	Brecknock.....	Brecknock.
	Glamorgan.....	Cardiff.

SITUATION.	COMTÉS OU SHIRES.	CHEFS-LIEUX.

Iles voisines de l'Angleterre.

A l'Ouest,	Ile de Man Anglesey....	Castletown, Beaumaris.
Au Sud,	Iles Sorlingues.. Iles de Wight.. Jersey, Alderney, Guernesey, et Sark.	Newport. Saint-Hélier.

Section II.

Aperçu général sur l'Ecosse.

§. PREMIER.

Nom ancien et moderne. — Agricola fut le premier des Romains qui descendit en Ecosse. Tacite, son gendre, désigne cette contrée sous le nom de Calédonie, qu'elle conserva tant qu'elle appartint aux Romains. Son nom moderne vient des *Scots*, un des anciens peuples qui l'habitaient.

Population primitive. — Il paraît, autant qu'on peut pénétrer dans l'obscurité de l'histoire, que l'Ecosse dut sa première population à des colonies venues de la Chersonèse-Cimbrique et de la Norwège dans les siècles qui précédèrent immédiatement l'ère chrétienne. Du temps des Romains, elle était habitée par deux peuples redoutables qu'ils ne purent soumettre, les Pictes, au sud, ainsi nommés parce qu'ils se peignaient le visage, et les Scots, au nord. Comme les premiers ravageaient sans cesse les terres de leurs voisins, les Romains, pour arrêter leurs incursions, construirent le mur d'*Adrien* et celui de *Sévère*, dans toute la largeur de l'île. Les Scots finirent par exterminer les Pictes, et dès-lors l'Ecosse ne fit plus qu'un royaume.

HISTOIRE. — La maison de Stuart était en possession de la couronne d'Ecosse depuis l'an 1370, lorsque Jacques IV succéda, en 1603, sous le nom de Jacques I.er, à Elisabeth, reine d'Angleterre, comme son plus proche parent, et réunit les deux Etats. Il prit le nom de roi de la *Grande-Bretagne*, afin d'éviter la préférence du nom de l'un et de l'autre royaumes.

§. II.

Géographie mathématique.

BORNES. — L'Ecosse est bornée, au sud, par l'Angleterre, et des trois autres côtés, par la mer.

SITUATION. — Elle est située entre le 55.e et le 60.e degrés de latitude septentrionale, et entre le 4.e et le 8.e degrés de longitude occidentale.

ETENDUE. — Elle a environ 100 lieues de longueur sur 75 de largeur.

§. III.

Géographie physique.

Climat. — Le climat de l'Ecosse offre une température plus douce qu'on ne le croirait en considérant la latitude de ce pays. C'est l'effet du grand nombre de collines et de vallées qui s'y trouvent, et principalement du voisinage de la mer, d'où viennent des vents chauds qui adoucissent l'air. A l'est, il est moins humide qu'en Angleterre, parce que les hauteurs de l'ouest arrêtent les vapeurs de l'Atlantide; aussi, dans la partie occidentale, on est inondé de pluie; et c'est un des principaux obstacles aux progrès de la culture; l'hiver même est plus remarquable en Ecosse par la grande quantité de neiges qui y tombent, que par l'intensité du froid; en été, les vallées réfléchissent les rayons du soleil avec force.

Sol. — Le sol de l'Ecosse est, dans plusieurs cantons, plus propre aux pâturages qu'au labourage. On y trouve cependant des plaines d'une grande fertilité, à cause des particules de bonne terre que les eaux entraînent du haut des montagnes, et qui y forment un très-bon engrais. L'Ecosse commence à imiter l'Angleterre dans ses procédés agricoles.

ASPECT DU PAYS. — L'Ecosse est montueuse ; à peine a-t-elle un tiers en plaines. Les rivières sont rapides et transparentes. La nudité du pays, où l'on ne voit presque point d'arbres, est vraiment frappante ; mais les plantations nombreuses qui se font aujourd'hui remédieront à ce vide.

§. IV.

Géographie politique.

POPULATION. — La population de l'Ecosse est évaluée à un million six cent mille habitans.

MŒURS, USAGES. — Les Ecossais sont robustes, sages, honnêtes, ayant beaucoup d'inclination pour les lettres et pour la guerre. Leurs mœurs et leurs coutumes commencent à s'assimiler avec celles de l'Angleterre. Les gens du haut rang n'affectent plus de faire servir sur leur table des mets français, usage que la reine Marie avait introduit. Les classes inférieures se nourrissent de *parich*, espèce de potage épais fait de gruau d'avoine, ainsi que de lait, de petite bière ou de beurre.

Le dimanche, l'ouvrier mange un peu de viande. Il a une antipathie superstitieuse pour le cochon et l'anguille. En général, le même peuple est d'une sobriété exemplaire. On aime mieux être décemment vêtu les jours de fête avec sa famille, que de hanter les lieux de débauche. L'habillement des habitans des hautes terres ressemble beaucoup à celui du soldat romain, quoiqu'il soit tout-à-fait moderne. Le *Tartan* ou quadrille de toutes les couleurs, est d'origine flamande. On l'introduisit en Ecosse dans le quinzième siècle.

Littérature. — Si les lettres ont tardé à fleurir en Ecosse, elles y ont fait aussi de rapides progrès en peu de temps. Ce pays, qui produisit *Buchanan* dans le seizième siècle, n'avait pas un écrivain dans le douzième. Les Ecossais se sont distingués, au premier rang, dans toutes les connaissances humaines. Les plus célèbres d'entr'eux, sont : *Locke*, dans la philosophie ; *Hume* et *Robertson*, dans l'histoire; *Ramsay*, *Tompson* et *Blair*, dans la littérature.

Religion. — Le calvinisme est la religion

de l'Ecosse; il s'y trouve aussi beaucoup de catholiques.

CAPITALE. — La capitale de l'Ecosse est Edimbourg; elle ne remonte pas au-delà du dixième siècle; elle est située près de l'embouchure du Forth. On y voit trois superbes rues, peut-être les plus belles de l'Europe. On aperçoit encore la direction de la muraille bâtie en Ecosse par les Romains, entre la Clyde et le Forth.

DIVISION. — L'Ecosse est divisée en trente-deux comtés, comme on le voit dans le tableau suivant.

DIVISION DE L'ÉCOSSE.

SITUATION.	COMTÉS OU SHIRES, 33.	CHEFS-LIEUX.
Au Nord, Highland.	Orkney.	Hirkwal.
	Caithness.	Wick.
	Sutherland.	Dornoch.
	Ross.	Tayn.
	Cromarty.	Cromarty.
	Nairn.	Nairn.
	Inverness.	Inverness.
	Murray ou Elgin.	Elgin.
	Banff.	Banff.
	Aberdeen.	Aberdeen.
	Kincardine.	Bervie ou Inverbervie.
	Angus ou Forfar.	Forfar.
	Perth.	Perth.
	Argyle.	Inverary.
	Fife.	Saint-André.
Au Sud, Lowlands.	Kinross.	Kinross.
	Clackmannan.	Clackmannan.
	Linlithgow.	Linlithgow.
	Stirling.	Stirling.
	Dumbarton ou Lenox.	Dumbarton.
	Renfrew.	Renfrew.
	Bute.	Rothsay.
	Ayr.	Ayr.
	Wigton.	Wigton.

SITUATION.	COMTÉS OU SHIRES, 33.	CHEFS-LIEUX.
Au Sud, Lowlands.	Kircudbright. . .	Kircudbright.
	Dumfries.	Dumfries.
	Lanerk.	Lanerk.
	Edimbourg ou Lothiancentral.	Edimbourg ou Edimburgh.
	Haddington ou Lothian. . . .	Haddington.
	Berwick ou Mers.	
	Roxburg ou Roxborough. . .	Jedburg.
	Selkirk.	Selkirk.
	Peebles.	Peebles.

Iles voisines de l'Ecosse.

Au N. E.,	Iles de Schetland.	Larvick.
Au Nord,	Orcades ou Orkney	Kirkwal.
A l'Ouest,	Hébrides ou Westernes . . .	Stornway.

Section III.

Aperçu général sur l'Irlande.

§. PREMIER.

Géographie historique.

Nom ancien et moderne. — Il est probable que les Phéniciens ont eu connaissance de l'Irlande à l'époque où ils découvrirent l'Angleterre. Les Grecs la connurent sous le nom de *Jverna*, deux siècles avant Jésus-Christ. (César parle de l'*Hibernia*, comme d'une île moitié plus petite que la Grande-Bretagne ; et Ptolémée en a laissé une description plus exacte que celle de l'Ecosse.) A l'époque de la décadence de l'empire romain, cette île reçut le nom de *Scotia*; mais ce nom ayant été donné à l'Ecosse, celui d'Hibernia reprit sa place. On croit que ce nom, et celui d'Irlande, d'origine gothique, ne sont que des modifications du nom indigène *Erin*, qui signifie pays de l'ouest.

Population primitive. — Des colonies de la Gaule formèrent probablement la première population de l'Irlande. Les guydils d'Angleterre qui avaient la même origine, vinrent étendre cette population. A l'époque où des Belges s'emparèrent du sud de l'Angleterre, les tribus gothiques la quittèrent pour se transporter au sud de l'Irlande. Les Ecossais, établis au nord de l'Irlande, forment encore une race distincte.

HISTOIRE. — L'Irlande ne fut point assujettie aux Romains; les rois d'Angleterre, de la race saxonne, l'envahirent. Les Danois et les Norwégiens s'emparèrent de ses côtes, et s'établirent dans le pays malgré la résistance opiniâtre des naturels. Ils y bâtirent plusieurs villes, entr'autres *Dublin*.

Henri II, roi d'Angleterre, usurpa cet Etat sur plusieurs souverains qui le partageaient. Il fit prendre à son fils le titre de seigneur d'Irlande; ses successeurs firent de même jusqu'à Henri VIII, qui prit celui de roi d'Irlande. Ce pays eut son parlement particulier jusqu'en 1801. Il est, depuis cette époque, réuni à celui de la *Grande-Bretagne*.

§. II.

Géographie mathématique.

Situation. — L'Irlande est située entre le 52.ᵉ et le 56.ᵉ degrés de latitude septentrionale, et entre le 8.ᵉ et le 13.ᵉ degrés de longitude occidentale.

Etendue. — Elle a environ 100 lieues de long sur 80 de large.

§. III.

Géographie physique.

Climat. — Le climat, en Irlande, est à peu près le même qu'en Angleterre. Cependant il paraît s'être opéré un changement dans la température, depuis le commencement de la génération actuelle : les hivers sont plus doux et les étés moins chauds, ce qu'on attribue à l'extirpation des forêts en Amérique, et à l'influence du vent d'ouest.

Sol. — Il y a proportionnellement plus de terres cultivées en Irlande qu'en Angleterre. La nature pierreuse du sol ne nuit aucunement à sa fertilité. Le climat est plus humide qu'en Angleterre ; aussi la verdure ne paraît jamais brûlée par les chaleurs. On y est peu habile dans l'art de cultiver, même dans le pays le plus riche en terres à blé. On sème de l'orge sur les jachères, et cette récolte est suivie de plusieurs autres en blé de Mars. Un gravier calcaire est un engrais propre à l'Irlande : il produit le même bien que la chaux, et est également bon pour tous les terroirs.

ASPECT. — L'aspect de l'Irlande forme un contraste frappant avec l'Ecosse : elle est presque partout unie, fertile et abondante en pâturages : elle a peu de chaînes de coteaux, car ses hauteurs méritent à peine le nom de montagnes ; et comme ce pays et aussi, presque partout, dépourvu d'arbres et de haies, les campagnes présentent le plus souvent un aspect tristement monotone.

§. IV.

Géographie politique.

POPULATION. — La population de l'Irlande est évaluée à neuf millions quatre cent mille habitans.

Mœurs et coutumes. — Les Irlandais sont en général bien faits, braves, belliqueux, hospitaliers, aimant les exercices violens, qui leur rendent le corps robuste, souple et dispos : constans dans leur amitié, comme dans leur haine, ils passent pour être ou tout bons ou tout méchans. Les mœurs des personnes du haut rang sont les mêmes que celles des personnes de la même classe en Angleterre, si ce n'est que l'on continue d'y boire beaucoup, ce qui n'est plus de mode chez les Anglais. Les mœurs des Irlandais d'un rang inférieur, ressemblent beaucoup à celles des anciens Bretons, telles que nous les représentent les auteurs romains : ils se nourrissent de pommes de terre, de beurre et de lait. Ce pays produit les hommes les plus vigoureux de l'Europe. Les Anglais, ennemis invétérés des Irlandais, les ont toujours décriés, quoique ces derniers soient le plus ferme appui de leur empire.

Dans la classe mitoyenne, il règne un goût de dissipation, un sot orgueil de famille qui éloignent du commerce et de l'industrie. De là, dit un auteur Anglais, tant de procureurs qui rongent le public, tant de médecins sans occupation, tant d'avocats sans cause, et tant d'aventuriers endettés. La paresse, la curiosité, le bavardage, l'ivrognerie, sont les défauts des basses classes, ainsi que l'insubordination, et un penchant décidé pour les querelles. L'oppression et les injustices dont les Irlandais ont été l'objet, sont, en partie, la cause de ces vices, qui sont balancés par leur courage, leur patriotisme, leur hospitalité et plusieurs autres bonnes qualités.

LITTÉRATURE. — La littérature irlandaise a de véritables titres d'antiquité. Dans les siècles qui suivirent l'introduction du christianisme, l'Irlande produisit beaucoup d'écrivains sur les matières de religion. Elle conserva quelques rayons de la lumière des sciences, lorsqu'elle s'éteignit en entier dans toute l'Europe, à l'époque de la chute de l'empire romain dans l'occident. Dans des temps plus modernes, on voit briller les noms d'*Usserius*, *Ware*; ensuite ceux de *Swift*, de *Stern*, de *Goldsmith*, et enfin de nos jours, ceux de *Burke* et de *Shéridan*.

RELIGION. — La religion de l'Etat est la même que celle de l'Angleterre; mais la catholique est la plus répandue, puisque de cinq millions d'habitans que renferme l'Irlande, quatre millions sont catholiques.

Capitale. — Le capitale de l'Irlande est Dublin. On a fait depuis peu, dans cette ville, de grands embellissemens; il y a plusieurs places magnifiques bâties tout à neuf. Dublin est située à 3 lieues de la mer, dans le fond d'une grande baie à laquelle la ville donne son nom, et sur la rivière de Hiffey qui la sépare en deux parties égales; cette rivière est bordée, des deux côtés, de quais très-spacieux où les vaisseaux viennent prendre et déposer leur cargaison devant les portes et les magasins des négocians. Les nouvelles rues y sont très-belles. Celle qu'on appelle le *Mail*, est bordée des deux côtés de promenades sablées et d'une égale largeur; les maisons y sont jolies, hautes et uniformes.

Division. — L'Irlande est divisée en quatre provinces et 32 comtés, comme on le voit dans le tableau suivant.

DIVISION DE L'IRLANDE.

PROVINCES et SITUATION.	COMTÉS, 32.	CHEFS-LIEUX.
Vlster au Nord.	Donegal ou Tyrconnel... Londonderry... Antrim... Tyrone... Armagh... Down... Fermanagh... Monaghan... Cavan...	Donegal. Londonderry. Antrim. Dungannon. Armagh. Down-Patrick. Enniskilling. Monaghan. Cavan.
Connaugth à l'Ouest.	Mayo... Sligo... Leitrim... Roscommon... Galway...	Castlebar. Sligo. Garrick-upon-Shannon. Roscommon. Galway.
Leinster à l'Est.	Longford... West-Meat ou Meath occidental East-Meath ou Meath oriental... Louth... King's County ou comté du roy...	Longford. Mullingar. Trim. Drogheda. Birr ou Parson's Town.

PROVINCES et SITUATION.	COMTÉS, 32.	CHEFS-LIEUX.
Leinster à l'Est.	Queen's County ou comté de la reine Kildare Dublin Wicklow Kilkenny Carlow Wexford	Maryborough. Kildare. Dublin. Wicklow. Kilkenny. Carlow. Wexford.
Munster au Sud.	Clare Limerick Tipperary Kerry Cork Waterford	Clare. Limerick. Clonmel. Tralee. Cork. Waterford.

CHAPITRE II.

CONTRÉES DU MILIEU.

ARTICLE PREMIER.

Aperçu général sur le royaume des Pays-Bas.

§. PREMIER.

Géographie historique.

NOM MODERNE. — Les *Pays-Bas* ont été ainsi appelés, parce que le terrain est en plusieurs endroits plus bas que la mer, et que le Rhin et plusieurs autres rivières y ont leur embouchure.

HISTOIRE. — Les Pays-Bas faisaient partie de la Gaule. Ils furent conquis par les Francs dans le 5.ᵉ siècle. Ils appartinrent à la monarchie française, jusqu'aux derniers descendans de Charlemagne, dont la faiblesse donna lieu à des seigneurs ambitieux de s'ériger en souverains. *Hugues-Capet*, pour se les concilier, en montant sur le trône, leur confirma ces usurpations à titre de souverainetés héréditaires. Par alliance, conquêtes ou traités, elles passèrent presque toutes sous la dénomination des derniers ducs de Bourgogne; *Marie*, fille unique de *Charles-le-Téméraire*, le dernier de ces ducs, les porta en mariage à Maximilien d'Autriche; son petit-fils, *Charles-Quint*, étant parvenu à la couronne d'Espagne, unit le Pays-Bas à ce royaume.

Les Pays-Bas étaient alors divisés en dix-sept provinces. Sous le règne de *Philippe II*, fils de *Charles-Quint*, la plupart de ces provinces se révoltèrent. Guillaume de Nassau, prince d'Orange, était le chef des révoltés. Philippe II et ses successeurs firent tous leurs efforts pour dompter les rebelles; mais les provinces septentrionales se maintinrent si bien avec le secours de la France et de l'Angleterre, que les Espagnols, inutilement épuisés, furent enfin obligés de les reconnaître pour un Etat *libre et souverain*. Elles formèrent une république fédérative, présidée par un stathouder héréditaire, et connue sous le nom de *Provinces-Unies;* cette république fut aussi appelée république de *Hollande*, et depuis république *Batave*. Les autres provinces se nommèrent Pays-Bas catholiques. En 1783, elle fut réunie à la France, et en 1814, des Pays-Bas, de la Hollande et du duché de Luxembourg, on forma un nouveau royaume. Il fut donné en souveraineté au prince d'Orange, qui prit le titre de roi des Pays-Bas ; mais en 1830, les Belges chassèrent les Hollandais de la Belgique, et formèrent un Etat séparé, dont le gouvernement est une monarchie constitutionnelle. Nous réunirons néanmoins ces deux Etats sous le nom de royaume des Pays-Bas, en ayant soin de faire connaître séparément les particularités les plus remarquables de la Hollande et de la Belgique.

§. II.

Géographie mathématique.

BORNES. — Les Pays-Bas sont bornés, au nord et à l'ouest, par la mer ; à l'est, par l'Allemagne ; au sud, par la France.

SITUATION. — Ils sont situés entre le 50.e et le 54.e degrés de la latitude septentrionale, et entre le 1.er et le 4.e degrés de longitude orientale.

Etendue. — Ils ont environ 100 lieues de longueur sur 60 de large.

§. III.

Géographie physique.

Climat. — Le climat des Pays-Bas a beaucoup de ressemblance avec celui du sud de l'Angleterre. Il est plus remarquable par son humidité que par sa chaleur. L'humidité et le froid caractérisent le climat de la Hollande. Les vents qui amènent la pluie, sont ceux d'ouest et de sud-ouest. Ils dominent tellement, que les grands végétaux sont inclinés vers l'est et le nord-est. Les aurores boréales y sont très-fréquentes. Haller a jugé la Hollande insalubre ; cependant la sobriété, la vie uniforme et tranquille des habitans y donnent généralement à la vie humaine une durée plus longue que dans beaucoup d'autres pays plus salubres. Dans la Belgique on jouit d'une température plus douce et plus saine ; mais, en général, on respire partout un air pesant, humide et nébuleux.

Sol. — Le sol est communément composé d'une terre grasse, sablonneuse. A une époque très-reculée, l'agriculture y était si florissante, que l'on regardait ce pays comme le jardin de l'Europe. L'agriculture n'est point négligée en Hollande. Les méthodes varient suivant le sol. Dans quelques endroits on fait des jachères; dans d'autres on alterne les récoltes. Presque toujours on commence par les plantes légumineuses, surtout par la pomme de terre, dont la culture nettoie le terrain et le rend meuble. On y cultive le seigle d'hiver, sur lequel on sème du trèfle; d'où il résulte un double profit, savoir, du grain en automne, et du fourrage au commencement de l'hiver. Le sol de la Belgique, plus élevé que celui de la Hollande, ne présente, à une certaine profondeur, que des débris de substances marines; mais sa surface est couverte d'un terrain qui le rend d'une fertilité extrême. On trouve peu de pays aussi favorisés de la nature.

ASPECT. — Dans les Pays-Bas à peine découvre-t-on l'apparence d'une colline, excepté vers l'est, où quelques petites élévations récréent l'œil, ennuyé d'une fatigante uniformité. Ce pays, en général, présente l'aspect d'un immense marais qu'on aurait desséché. Les canaux et même la mer n'offrent que des eaux troubles et même fangeuses ; mais on ne peut voir, sans admiration, ce sol couvert de tant de villes nombreuses et importantes ; et rien ne donne une plus haute idée de l'industrie humaine, que leur établissement et leur florissant aspect, malgré tant d'obstacles, tant de désavantages naturels. Au milieu de ces marais, la vue se repose délicieusement sur des bocages, des jardins, des prairies.

§. IV.

Géographie politique.

Population. — La population des Pays-Bas est évaluée à cinq millions six cent mille habitans.

Mœurs, usages. — Un étranger, en parcourant la Hollande, est frappé de l'extrême propreté qui règne partout, même dans les villages, qui ne sont habités que par de pauvres pêcheurs. Les Hollandais sont d'un caractère flegmatique. Le courage qu'ils montrent à la mer, tient plutôt de l'opiniâtreté que de l'ardeur. Une lente persévérance fait le fond de leur caractère. Dans les premiers temps, deux points principaux étaient l'objet de l'application des Hollandais, les affaires publiques et les moyens de s'enrichir. Cette dernière passion l'a emporté sur l'autre, et a étouffé tout sentiment noble et généreux. La plupart des Hollandais sont de petite taille. Les riches négocians se plaisent dans leurs maisons de campagne, qu'ils ornent de canaux dont les bords sont plantés d'arbres. La petitesse des jardins y est compensée par le choix et le prix des fleurs qu'on y cultive. Quelquefois un ognon de tulipe y a coûté cinquante guinées. En hiver, l'un des amusemens favoris est de patiner. Les canaux sont couverts d'une multitude de gens de tous les rangs ; le sénateur s'y trouve confondu avec la laitière chargée de son pot au lait.

Les Belges ressemblent aux Hollandais sous beaucoup de rapports. Comme eux, ils sont généreux, hospitaliers, sincères, francs et loyaux ; mais plus gais, plus affables, plus ouverts, et quoique moins riches, ils savent mieux jouir des avantages de la fortune. Ils aiment les cérémonies et le luxe. Excessivement jaloux de leurs droits, ils s'aigrissent contre les mauvais traitemens. Naturellement généreux, le Belge sait mépriser la vie et braver la pauvreté. Si on veut le traiter en esclave, il est prompt à se roidir, à se soulever, à se venger; mais si on le gouverne en homme, selon les lois, avec modération et douceur, il n'est point de peuple plus fidèlement attaché à ses souverains.

Religion. — Le calvinisme est la religion la plus répandue en Hollande. Les autres religions y ont le libre exercice de leur culte : dans la Belgique, la religion catholique domine.

Capitales. — Les principales villes des Pays-Bas, sont *Amsterdam* et *Bruxelles*.

Amsterdam est la capitale de la Hollande : cette ville est située sur le Zuiderzée. Elle était très-peu connue avant le 13.ᵉ siècle; mais dès le 14.ᵉ siècle son commerce était très-florissant. Elle est construite sur un sol marécageux, et les maisons y sont bâties sur pilotis. Elle est entrecoupée d'un grand nombre de canaux, qui sont tous navigables. Ces canaux récréent la vue, entretiennent la propreté et favorisent le commerce; mais les vapeurs fétides qu'ils exhalent dans les chaleurs, sont très-pernicieuses, et le seraient encore davantage si l'on n'avait construit trois grands moulins pour tenir les eaux dans une continuelle agitation. La force de cette ville consiste dans la facilité qu'elle a d'inonder tous ses environs par ses écluses. Des ponts de pierre ou de bois établissent les communications entre les différens quartiers. Son port est assez vaste pour contenir 1,000 vaisseaux. Ses édifices publics sont magnifiques, surtout l'hôtel de ville.

Bruxelles, capitale de la Belgique ou du Brabant, est une grande et belle ville, où l'on voit de superbes maisons et des plans magnifiques. Cette ville est connue depuis le 10.ᵉ siècle ; mais ce n'est qu'au 14.ᵉ qu'elle fut entourée de murs. Bâtie sur un terrain inégal, elle a des rues très-escarpées, surtout dans la partie basse, de magnifiques boulevards. Le parc est une des plus agréables promenades de l'Europe, sous tous les rapports. L'industrie florissante de cette ville consiste en manufactures de toiles, ouvrages de mode, dentelles renommées, etc.

DIVISION. — Les Pays-Bas renferment deux Etats, la Hollande et la Belgique, et 18 provinces, comme on le voit dans le tableau suivant.

DIVISION DES PAYS-BAS.

PARTIES.	PROVINCES, 18.	CHEFS-LIEUX.
Hollande.	Hollande........	Amsterdam.
	Utrecht.........	Utrecht.
	Zélande.........	Middelbourg.
	Brabant septent..	Bois-le-Duc.
	Gueldre.........	Arnheim.
	Over-Yssel......	Zwoll.
	Drenthe.........	Assen.
	Groningue.......	Groningue.
	Frise...........	Leeuwarden.
Belgique.	Flandre occident.	Bruges.
	Flandre orientale.	Gand.
	Anvers..........	Anvers.
	Brabant méridion.	Bruxelles.
	Limbourg........	Maestricht.
	Hainaut.........	Mons.
	Namur..........	Namur.
	Liége...........	Liége.
	Grand duché de Luxembourg, faisant partie de la Confédération Germanique..	Luxembourg.

ARTICLE II.

Aperçu général sur l'Allemagne.

§. PREMIER.

Géographie historique.

L'ancienne *Germanie*, dont une partie porte aujourd'hui le nom d'Allemagne, était couverte de forêts, et habitée par différens peuples barbares, qui avaient chacun leur chef. Lorsqu'ils se furent trop multipliés, pour subsister dans un pays qu'ils ne cultivaient pas, ils se répandirent en foule sur les terres de la domination romaine, et malgré les défaites que leur firent essuyer leurs ennemis, les Germains s'emparèrent de la moitié de l'empire romain. Les Hérules renversèrent le trône des empereurs de Rome. Les Goths et les Lombards passèrent dans la Hongrie, les Vandales, les Alains et les Suèves dans l'Espagne; les Angles et les Saxons dans la Grande-Bretagne, et les Bourguignons et les Francs dans la Gaule. Les Allemands, qui depuis ont donné leur nom à l'ancienne Germanie, voulurent aussi s'établir dans les

Gaules; mais Clovis, roi des Francs, les arrêta, et après les avoir défaits à la bataille de *Tolbiac*, il les soumit à sa domination.

L'Allemagne a le titre d'empire qu'elle tient de la maison de Charlemagne, roi de France et empereur. On sait que l'empire romain ayant été partagé entre les deux fils de Théodose, la partie orientale, échue à *Arcadius*, fut nommée empire d'*Orient* ou de Constantinople, et la partie occidentale, échue à *Honorius*, garda le nom d'empire de Rome ou d'Occident. Ce dernier s'éteignit peu après par l'invasion des peuples du nord, qui ravagèrent l'Italie, et s'y établirent.

Le titre d'empire d'Occident ne fut rétabli qu'en 800, sur la tête de Charlemagne, roi de France. Ce prince possédait la plus grande partie de la Germanie et de l'Italie. Son fils, *Louis-le-Débonnaire*, ayant partagé ses Etats entre ses enfans, l'un d'eux fut fait roi de la Germanie; ainsi le titre d'empereur passa dans cette branche des descendans de Charlemagne, et ils le conservèrent jusqu'en 912. Après plusieurs querelles, Henri, duc de Saxe, fut élu empereur en 918. Sa race s'éteignit en 1024 : elle fut remplacée par la dynastie de *Franconie*. Dans le douzième siècle s'élevèrent les factions des *Guelfes* qui tenaient pour les papes, et des *Gibelins* attachés au parti de l'empereur ; et après de longs débats, le sceptre passa à la maison d'Autriche. Il se maintint dans cette famille, à quelques exceptions près. En 1816, tous les princes du midi de l'Allemagne formèrent la confédération, connue sous le nom de *Confédération du Rhin*; aujourd'hui elle est dissoute, et remplacée par la *Confédération Germanique*, composée de l'empire d'*Autriche*, de la *Prusse*, de la *Bavière*, de la *Saxe*, des royaumes de *Hanovre*, de *Wurtemberg*, etc., et de plusieurs autres principautés.

§. II.

Géographie mathématique.

Bornes. — L'Allemagne est bornée, au nord, par la mer Baltique ; au sud, par la Suisse et l'Italie ; à l'est, par la Prusse et l'empire d'Autriche ; à l'ouest, par les Pays-Bas et par la France.

Situation. — Elle est située entre le 46.e et le 55.e degrés de latitude septentrionale, et entre le 3.e et le 13.e degrés de longitude orientale.

ETENDUE. — Elle, a environ 225 lieues de long sur 200 de large.

§. III.

Géographie physique.

CLIMAT. — Un pays si étendu présente nécessairement de grandes variétés dans la température. Dans les régions du sud et du centre, l'air est beaucoup plus froid que dans les latitudes correspondantes de la France, ce qui est occasioné par les forêts. Néanmoins les saisons sont plus constantes et plus belles que dans le reste de l'Allemagne. Dans la région du nord, l'air est épais et humide. La proximité de la mer rend la température assez douce, et les rivières y entretiennent une fraîcheur salubre.

SOL. — Le sol, dans la région du nord, est d'une étonnante fécondité, car les terres sont nées du limon, et ont été conquises sur la mer ou sur les fleuves par la main des hommes ; mais la mer menace souvent de reprendre son ancien domaine, et les débordemens des fleuves font trembler les riches habitans.

ASPECT DU PAYS. — Au nord du *Mein*, l'Allemagne présente des plaines sablonneuses, comme si, dans le premier âge du monde, la mer les avait couvertes. On ne commence à voir quelques coteaux que dans le voisinage de *Minden*. Au midi du *Hanovre* sont les montagnes les plus septentrionales; au sud-ouest sont les montagnes de *Hesse* et autres, qui se dirigent vers le Rhin, tandis qu'à l'est, le riche et beau pays de la Saxe s'étend jusqu'aux limites méridionales des montagnes de *Errgeberg*, qui abondent en métaux et en minéraux curieux. Au midi du Mein, le pays est plus montagneux.

§. IV.

Géographie politique.

POPULATION. — La population de l'Allemagne peut être évaluée à vingt-cinq millions d'habitans.

QUALITÉS PHYSIQUES, MOEURS, USAGES. — Les Allemands sont grands et bien faits; robustes, adroits, sincères, et d'une patience admirable dans le travail. On le voit par les ouvrages qu'ils ont exécutés, principalement dans l'horlogerie. Ils aiment la magnificence, la bonne chère et le vin. Ils sont bons soldats, et le métier de la guerre est leur passion dominante. Les Allemands ont beaucoup de goût pour les sciences et les arts ; ils s'appliquent surtout aux arts mécaniques, et plusieurs d'entr'eux se sont illustrés par des inventions singulières, entr'autres celles de l'imprimerie et de la poudre à canon. Aucun pays n'a produit un plus grand nombre d'écrivains que l'Allemagne, et il ne règne nulle part un goût plus général pour la lecture. Les Allemands sont ouvriers appliqués et assidus ; les travaux les plus pénibles, ceux de la plus grande durée, ne les effraient ni ne les rebutent. La médecine, la botanique et toutes les sciences physiques leur doivent des découvertes et des progrès importans. Les arts agréables, tels que la peinture et la sculpture, ne leur manquent pas. Leur musique est estimée, et mérite de l'être.

Religion. — Il y a en Allemagne trois religions : la religion catholique, celle de *Luther* et celle de *Calvin*. On y trouve aussi des Juifs.

Capitale. — La capitale de l'Allemagne

est *Francfort-sur-le-Mein*. Cette ville, irrégulièrement bâtie, a de belles manufactures. Sa situation est avantageuse et agréable. C'est l'une des premières places de change de l'Europe. C'était dans cette ville que les électeurs s'assemblaient pour élire un roi des Romains. On y remarque de superbes édifices, entr'autres l'église de Saint-Bartholomée, avec des tableaux et des vitrages curieux; le palais de *Taxis*, l'Hôtel-Dieu, etc. — Il s'y tient chaque année deux foires célèbres.

Les principales forêts de l'Allemagne sont, la forêt Noire et celles de Harz ou forêt Hercynienne qui, du temps de César, avait neuf jours de marche de longueur, et six de largeur; elle est maintenant bien diminuée. On fait d'excellentes liqueurs, telles que le kirschwaser et autres, avec les baies de la forêt Noire.

DIVISION. — On divise l'Allemagne, comme on le voit dans le tableau suivant.

TABLEAU DES ÉTATS DE LA CONFÉDÉRATION GERMANIQUE.

ANCIENS CERCLES.	NOUVEAUX ÉTATS.	CAPITALES.
Westphalie.	Holstein et Lauenbourg.	Kiel et Rotzebourg.
	Holstein - Oldenbourg.	Oldenbourg.
Basse-Saxe.	Mecklenbourg-Schwerin.	Schwerin.
	Mecklenbourg-Strelitz.	Strelitz.
	Lubeck.	Lubeck.
	Hambourg.	Hambourg.
	Bremen.	Bremen.
Basse-Saxe. Westphalie.	Hanovre.	Hanovre.
Basse-Saxe.	Brunswick.	Brunswisk.
Haute-Saxe. Westphalie. Bas-Rhin.	Etats Prussiens en Allemagne.	Berlin.
L'une des 17 provinces des Pays-Bas.	Luxembourg.	Luxembourg.
Haute-Saxe.	Anhalt-Bernbourg.	Bernbourg.
	Anhalt-Cothen.	Cothen.
	Anhalt-Dessau.	Dessau.

ANCIENS CERCLES.	NOUVEAUX ÉTATS.	CAPITALES.
Westphalie. Haut-Rhin.	Schwarzbourg-sonDershausen . . Schwarzbourg-Rudolstadt. . . Lippe-Detmold. . . Lippe-Schauembourg. Waldeck.	Sondershausen. Rudolstadt. Detmold. Buckebourg. Corbach.
Haute-Saxe.	Saxe.	Dresde.
Haute-Saxe.	Saxe-Weimar. . . Saxe-Gotha. . . .	Weimar. Gotha.
Franconie.	Saxe-Meiningen..	Meiningen.
Haute-Saxe.	Saxe-Hildburghausen Saxe-Cobourg. . . Russ (branche aînée.) Russ (branche cadette)	Hildburghausen Cobourg. Greitz. Lobenstein.
Haut-Rhin.	Hesse-Electorale.	Cassel.
Haut-Rhin. Bas-Rhin.	Hesse-Darmstadt.	Darmstadt.
Haut-Rhin.	Hesse-Hombourg. Francfort-sur-Mein Nassau	Hombourg. Francfort-sur-Mein. Wisbaden.

ANCIENS CERCLES.	NOUVEAUX ÉTATS.	CAPITALES.
Franconie, Bas-Rhin et Souabe.	Bade	Carlsruhe.
Souabe.	Wurtemberg . . .	Stuttgard.
	Lichstenstein . . .	Wadutz.
	Hohenzollern-Hechingen . . .	Hechingen.
	Hohenzollern-Sigmaringen . .	Sigmaringen.
Franconie, Bavière, Souabe.	Bavière	Munich.
Autriche.	États en Allemagne . .	Vienne.

ARTICLE III.

Aperçu général sur la Prusse.

§. PREMIER.

Géographie historique.

Noms. — Les anciens n'avaient sur cette contrée que des connaissances vagues. (Ils parlent des diverses tribus qui l'habitaient, et de l'ambre jaune qui ne se trouvait que là, mais en assez grande quantité pour former un objet régulier de commerce.) Selon quelques auteurs, son nom dérive des *Prazzi*, tribu slavonne, et selon d'autres, il est formé du mot *Russia*, et du mot Slavon, Po, qui signifie voisin adjacent.

Histoire. — L'histoire des premiers temps de ce royaume, est environnée des ténèbres de la fiction, et se perd dans des récits fabuleux. Cependant les anciens habitans paraissent avoir été un peuple brave et guerrier, qui descendait des *Esclavons*. Ils refusèrent de se soumettre aux princes voisins, qui, sous prétexte de les convertir au christianisme, cherchaient à les réduire en esclavage. Enfin, ils demeurèrent indépendans, et professèrent le paganisme jusqu'au temps des croisades. Les chevaliers allemands, de l'ordre Teutonique, entreprirent de les convertir à la pointe de l'épée. Ils les soumirent, et exercèrent sur eux de cruelles vexations. Après avoir subi plusieurs révolutions, la Prusse fut érigée en royaume héréditaire, en 1701, par l'empereur *Léopold*,, en faveur de Frédéric-Guillaume I.er, dont les armes ne lui avaient point été inutiles. La Prusse, qui, auparavant, n'était qu'un vaste désert, fut défrichée, repeuplée et embellie sous Frédéric-Guillaume II, son second roi, et surtout sous son fils Charles-Frédéric, qui perfectionna tout ce que son père avait commencé. Philosophe, guerrier, grand roi, il résista seul à la moitié de l'Europe réunie contre lui, et mourut en 1786, après un règne aussi long que glorieux.

Depuis la guerre de 1806 et de 1807, la Prusse avait diminué de moitié en territoire et en population, et par le traité de *Tilsitt*, elle était descendue au rang des puissances secondaires ; mais par suite des événemens de 1814, la Prusse rentra dans toutes les possessions qu'elle avait perdues par le traité de *Tilsitt*, et elle en acquit beaucoup de nouvelles, qui font aujourd'hui de cet Etat l'un des plus puissans de l'Europe.

§. II.

Géographie mathématique.

BORNES. — La Prusse est bornée, au nord, par la mer Baltique; au sud, par l'empire d'Autriche; à l'est, par la Pologne; à l'ouest, par l'Allemagne.

SITUATION. — Elle est située entre le 50.e et le 56.e degrés de latitude septentrionale, et entre le 8.e et le 20.e degrés de longitude orientale.

ETENDUE. — Elle a environ 240 lieues de long sur 150 de large.

§. III.

Géographie physique.

CLIMAT. — Le climat de la Prusse est généralement froid et humide. Le Brandebourg et la Poméranie le sont moins que la Prusse proprement dite. La *Basse-Silésie* est le pays le plus sain et le plus fertile de la monarchie; mais les parties méridionales et occidentales de ceduché sont sujettes, même en été, à des froids rigoureux, à cause du voisinage de hautes montagnes toujours couvertes de neige.

Sol. — Le sol du Brandebourg est maigre. La Silésie est, en général, très-productive. Le Brandebourg ne récolte presque que du seigle et des navets; la Prusse propre produit toutes les denrées qui peuvent végéter sous cette latitude.

Aspect du pays. — La Prusse présente des aspects très-variés, excepté dans la partie septentrionale, qui est sablonneuse, ouverte et unie du côté de la Pologne. Cette contrée est arrosée par l'*Oder* et les ruisseaux qui le forment.

§. IV.

Géographie politique.

Population. — La population de la Prusse est évalue à onze millions deux cent mille habitans.

Moeurs, usages. — On remarque une grande variété dans les mœurs et les costumes des habitans de ce royaume. Les Prussiens sont loin d'être aussi gais et aussi vifs que les Saxons. Parmi les savans et les littérateurs de la Prusse, on distingue *Copernic*, célèbre astronome ; *Frédéric-le-Grand*, qui a écrit en français ; le poëte *Ramler*, etc.

Religion. — La religion protestante est la plus répandue en Prusse. On y trouve un grand nombre de catholiques, et beaucoup de juifs, surtout à Berlin.

Capitale. — La capitale de la Prusse est *Berlin*. Cette ville, située sur la *Sprée* qui la traverse du nord-ouest au sud-est, partage, avec Postdam, l'honneur d'être la résidence du roi. Elle est bien fortifiée, a des palais magnifiques, une belle bibliothèque, un riche cabinet de choses rares et précieuses, un arsenal qui contient des armes pour 200,000 hommes, une académie des sciences, et un observatoire. Parmi les édifices publics, on distingue le palais de *Mont-Bijoux*, le palais des princes, et les églises, qu'on peut regarder comme des édifices du premier rang. Les rues et les places sont spacieuses, et bâties d'une manière régulière.

Division. — On divise la Prusse comme on le voit dans le tableau suivant.

(218)
DIVISION DE LA PRUSSE.

SITUATION.	PROVINCES.	RÉGENCES, Arrondissemens ou Gouvernem. 27.	CHEFS-LIEUX.
À l'Est,	Poméranie	Stettin / Stralsund / Coslin	Stettin.
	Brandebourg	Berlin / Postdam / Francfort-sur-Oder	Berlin.
	Saxe	Magdebourg / Mersebourg / Erfurt	Magdebourg.
	Silésie	Breslau / Liégnitz / Oppeln	Breslau.
À l'Ouest,	Westphalie	Munster / Minden / Arensberg	Munster.
	Clèves-Berg	Clèves / Dusseldorf / Cologne	Cologne.
	Bas-Rhin	Aix-la-Chapelle / Coblentz / Trèves	Aix-la-Chapelle.
Au Nord-est,	Prusse-Orientale	Gumbinnen / Konigsberg	Konigsberg.
	Prusse-Occidentale	Dantzick / Marienwerder	Dantzick.
	Posen	Posen / Bromberg	Posen.

ARTICLE IV.

Aperçu général sur la Pologne. (1)

§. PREMIER.

Géographie historique.

NOM ANCIEN ET MODERNE. — La *Pologne* faisait autrefois partie de la *Sarmatie européenne*. Son nom moderne en polonais, signifie *plaine*.

HISTOIRE. — La Pologne commença, vers l'an 550, à former un Etat policé; mais elle n'était pas aussi étendue qu'elle l'est aujourd'hui, et ses premiers souverains n'avaient que le titre de ducs. On peut partager en quatre classes les princes qui l'ont gouvernée jusqu'à présent, celle des premiers ducs, celle des *Piats*, celles des *Jagellons* et celle des

---

(1) Quoique la Pologne ne soit plus comptée au rang des Etats de l'Europe, nous avons cru devoir donner néanmoins un aperçu de cette contrée, à cause de la diversité de ses productions et des mœurs particulières de ses habitans.

rois choisis chez différens peuples. Le dernier souverain qui régnait en Pologne, était Stanislas *Poniatowski*. Ce prince fut conduit à Saint-Pétersbourg, où il termina sa vie dans l'état de simple particulier. Ce fut à cette époque que la Prusse, la Russie et l'Allemagne se partagèrent la Pologne. Cependant en 1814, la Pologne reprit le titre de royaume, et elle fut placée sous la souveraineté de l'empereur de Russie. Les Polonais, soumis à l'empereur de Russie depuis l'an 1814, s'insurgèrent à la fin de 1830; mais la lutte qu'ils engagèrent pour recouvrer leur indépendance, leur devint funeste. La Pologne n'est plus un Etat, elle est assujettie à la Russie.

§. II.

Géographie mathématique.

BORNES. — La Pologne est bornée, au nord, par la Russie d'Europe; au sud, par la Hongrie; à l'est, par la Russie d'Europe; à l'ouest, par la Prusse et la mer Baltique.

SITUATION. — Elle est située entre le 48.ᵉ et le 57.ᵉ degrés de latitude septentrionale, et entre le 15.ᵉ et le 25.ᵉ degrés de longitude orientale.

Etendue. — Elle a environ 225 lieues de longueur sur 200 de largeur.

§. III.

Géographie physique.

Climat. — Le climat de la Pologne varie beaucoup; mais il est, en général, froid et humide. Le vent d'est, qui apporte les plus fortes gelées, est plus froid que celui du nord qui amène l'humidité. Quelquefois l'hiver offre des prodiges d'une seconde végétation, occasionée par les douceurs de la température; mais au mois de Mars, il exerce souvent ses rigueurs, et, en une seule nuit, il détruit cet été précoce.

Sol. — Le sol de la Pologne est assez fertile. Ce pays abonde en toute sorte de grains, et est regardé comme le grenier du nord. Il y a tant d'abeilles, surtout en *Lithuanie*, que le peuple y boit l'hydromel, liqueur composée de miel préparé. Le sel, en Pologne, ne se tire point de la mer, mais du fond des mines, en grosses masses, et ce qu'il y de singulier, c'est qu'on ne le trouve qu'à une profondeur énorme, à près de 200 toises.

Aspect. — La Pologne est généralement un pays plat ; mais cette plaine s'élève dans la partie méridionale. On voit en Pologne des globes de feu, des étoiles tombantes, des aurores boréales, et d'autres phénomènes phosphoriques.

§. IV.
Géographie politique.

Population. — Avant les partages qu'on a faits de la Pologne, la population de ce pays était évaluée à quinze millions d'habitans ; aujourd'hui on n'en compte que quatre millions.

Moeurs, usages. — Les Polonais sont courageux, honnêtes et hospitaliers. Leur physionomie est ouverte et douce, leur taille bien proportionnée. Ils portent tous des moustaches ; endurcis à la fatigue, ils se couchent volontiers sur la neige ou sur la glace, sans lit ni couvertures. Cette nation, malgré sa force et sa vigueur naturelle, est exposée à beaucoup plus de maladies que les Russes ses voisins. Le caractère de la nation se montre seulement parmi les nobles; les paysans sont dégradés par l'esclavage et la misère. La vie isolée et indépendante des grands propriétaires a produit chez eux ce courage altier, cette franchise qui les distinguent, mais aussi cette férocité et ce défaut de réflexion, qui sont la suite d'une liberté qui n'est point réglée par les lois : de là est résulté aussi ce contraste d'un luxe asiatique et d'une simplicité patriarcale que les voyageurs ont eu souvent occasion d'observer et de décrire.

RELIGION. — La religion catholique est celle de la Pologne ; on y trouve néanmoins des protestans, et un grand nombre de juifs.

CAPITALE. — La capitale de la Pologne est *Varsovie*. Cette ville, autrefois la résidence des rois de Pologne, est située sur la Vistule. Elle consiste en une longue rue étroite, à laquelle aboutissent des rues de traverse, sales et mal pavées. Il n'y a de beau que les faubourgs. On y voit beaucoup de grands palais, des églises et des monastères d'une grande apparence.

DIVISION. — La Pologne se divisait autrefois

en trois parties et 32 palatinats ; elle fut ensuite divisée en huit voévodies, comme on le voit dans le tableau suivant.

PARTIES.	VOÉVODIES.	CHEFS-LIEUX.
Grande Pologne au nord-ouest.	Augustowo.... Kalisch..... Plock......	Suwalki. Kalisch. Plock.
Lithuanie au nord-est.	Masovie.... Poldakie....	Varsovie. Kielsk.
Petite Pologne au sud.	Cracovie..... Sandomir.... Lublin.....	Cracovie. Sandomir. Lublin.

ARTICLE V.

Aperçu général sur la France.

§. PREMIER.

Géographie historique.

Nom ancien et moderne. — La France se nommait autrefois la *Gaule* ou les *Gaules*; ses habitans s'appelaient les *Gaulois*, et une partie d'entr'eux portait le nom de Celtes. Le nom moderne de ce pays vient des *Francs*, qui sortirent de la *Germanie*, pour s'établir dans la Gaule.

Histoire. — Les Francs, après avoir fait plusieurs incursions dans les Gaules, d'où ils étaient toujours repoussés, obtinrent enfin des terres que les Romains furent obligés de leur céder; et vers l'an 420, *Pharamond*, que l'on regarde comme le premier roi de la nation, commença à régner dans le pays qu'on a depuis appelé *Brabant*. Ses successeurs agrandirent peu à peu leurs Etats; *Clovis*, enfin, anéantit le reste de la domination romaine dans les Gaules, et dès-lors les Francs et les Gaulois ne firent plus qu'un seul et même peuple.

L'histoire de France, depuis l'établissement des Francs dans la Gaule jusqu'à nos jours, semble se diviser naturellement en trois grandes périodes.

La première, depuis le commencement du 5.ᵉ siècle jusque vers le milieu du 8.ᵉ, comprend l'histoire de la première dynastie ou première race des rois de France, dits Mérovingiens, du nom de *Mérovée*, le troisième d'entr'eux.

La seconde, depuis le milieu du 8.ᵉ siècle jusque vers la fin du 10.ᵉ, renferme l'histoire des rois de la seconde dynastie, dits Carlovingiens, du nom de Charlemagne, qui en fut le second roi.

La troisième, depuis la fin du 10.ᵉ siècle jusqu'à nos jours, offre l'histoire des rois de la troisième dynastie, dite des *Capétiens*, du surnom de *Hugues-Capet*, le premier roi de cette dernière race.

Vers la fin du 18.ᵉ siècle, la France fut en proie à une épouvantable révolution qui changea la face du gouvernement : la royauté fut abolie, et la France devint une république. En 1799, cet état de choses fut encore changé, et l'on vit s'élever un nouveau gouvernement, dont le général Bonaparte prit les rênes, avec le titre de *Premier Consul.*

En 1804, il se fit proclamer empereur, par le sénat, sous le nom de Napoléon I.er

En 1814 et 1815, la France, qui naguère, sous un prince conquérant, avait soumis toute l'Europe, fut à son tour deux fois envahie par la coalition des rois et des peuples qu'elle avait plusieurs fois vaincus : nouvel et terrible exemple des vicisitudes humaines !

Enfin, la France, après toutes ces secousses, est rentrée sous le sceptre de ses légitimes souverains.

§. II.

Géographie mathématique.

BORNES. — La France est bornée, au nord, par les Pays-Bas et l'Allemagne ; au sud, par les Pyrénées, qui la séparent de l'Espagne, et par la Méditerranée ; à l'est, par le Rhin, qui la sépare de l'Allemagne, et par la Suisse, et à l'ouest, par l'Océan atlantique.

SITUATION. — Elle est située entre le 51.e et le 42.e degrés de latitude septentrionale, et entre le 7.e de longitude occidentale et le 6.e de longitude orientale.

ETENDUE. — Elle a environ 260 lieues de long sur 225 de large.

§. III.

Géographie physique.

CLIMAT. — L'étendue de la France, la position de ses parties, les montagnes, les rivières, les mers qui lui servent de bornes, occasionnent nécessairement une grande variété dans la température. On peut la diviser en trois régions. La première, située vers le nord, est exposée à des hivers assez longs, et quelquefois rigoureux. La seconde région, au centre, jouit d'une température modérée, mais quelquefois sujette à des orages de grêle: elle présente le plus beau pays du monde. Dans la troisième région, située vers le sud, les printemps sont prolongés et les étés extrêmement chauds. Cependant on peut dire, en général, que la France jouit d'un climat doux, d'un ciel serein et d'un air salubre.

SOL. — Le sol rapporte avec abondance toutes les productions propres au climat, et l'agriculture, en général, est portée à un très-haut degré de perfection. On en trouve un exemple frappant dans la fertilité dont l'art a su douer quelques parties stériles des Cévennes. Comme les eaux, en se précipitant, entraînent des quantités considérables de terre dans les ravines, l'industrieux montagnard y élève des murs de pierres sèches qui, en laissant passer l'eau, retiennent le limon; de sorte que, par la suite des temps, il en résulte une petite terrasse couverte d'un sol fertile. Successivement ces terrasses s'élèvent, de degrés en degrés, jusqu'à la cime de la montagne; l'eau, alors, n'ayant plus de chute, ne produit d'autre effet que d'alimenter les plantes confiées à ce sol factice, lesquelles sont encore protégées par les arbres plantés d'espace en espace.

Aspect du pays. — Qui se douterait que le sol que nous habitons ait pu être couvert par les eaux de la mer, et déchiré par des feux souterrains ? Cependant les masses de coquilles et de corps marins, les volcans éteints qu'on a découverts en beaucoup d'endroits, en sont des preuves convaincantes. Aucun pays n'offre d'ailleurs des scènes plus variées, plus pittoresques et plus intéressantes : montagnes, forêts, rivières, plaines cultivées, coteaux ornés de vignes, pâturages couverts de bestiaux, tout annonce un pays également favorisé de la nature et animé par l'industrie.

§. IV.

Géographie politique.

Population. — La population de la France est évaluée à trente-trois millions d'habitans.

Mœurs, usages. — On a si souvent décrit les mœurs françaises, que c'est un sujet usé. Les diverses révolutions, les cruautés commises, dans des temps de malheur, par des hommes féroces que la nation a toujours désavoués, n'ont pu changer le caractère des Français : ils sont gais, humains, généreux et magnanimes. Leur taille est, en général, au-dessous de celle de leurs voisins ; mais ils sont bien faits, très-actifs, et moins sujets que les peuples des autres nations, aux difformités du corps. L'esprit et la gaîté brillent dans leur conversation ; c'est à leur école que les étrangers viennent apprendre le bon ton de la société, et recevoir des leçons de politesse. Les autres peuples de l'Europe les taxent de légèreté et d'inconstance ; mais ils sont forcés de convenir que les Français sont hardis, valeureux, affables, possèdent des talens supérieurs, et beaucoup d'aptitude pour les sciences et les beaux-arts.

Langage. — La langue française est la plus universellement répandue en Europe. Elle ne le cède à aucune langue moderne en variété, en clarté et en précision ; aucune aussi n'exprime mieux tout ce qui a rapport au commerce de la vie. Elle dérive des langues latine et celtique qu'on parlait dans les Gaules, et de la langue teutonique que les Francs y introduisirent. Ce n'est guère que depuis le commencement du règne glorieux de Louis XIV, que la langue française a été fixée. La révolution avait introduit du néologisme dans le langage ; heureusement aujourd'hui on a fait la guerre aux mots nouveaux, et il y a lieu d'espérer que la langue française sera préservée de la corruption dont elle était menacée.

Littérature et beaux-arts. — Les progrès que la France a faits dans la littérature pendant ces derniers siècles, sont, à juste titre, un objet d'admiration. Les ouvrages agréables, les fictions ingénieuses, la peinture fidèle des caractères et des mœurs, paraissent être son domaine, et dans ces différens genres, elle ne trouve aucun peuple qui la surpasse, ou même qui l'égale. En France, comme ailleurs, on a dû les premiers essais littéraires, et la conservation des faits historiques ou des connaissances anciennes, au clergé, et surtout aux ordres religieux, qui transcrivirent les anciens manuscrits, et écrivirent l'histoire de leur temps. Il serait superflu d'entreprendre la longue énumération des auteurs dont les noms ont illustré la France. Pour ne parler ici que des écrivains du grand siècle, il n'est personne qui ne connaisse jusqu'où Corneille a porté le sublime de la tragédie, qui n'ait versé des larmes à la lecture des chef-d'œuvres de Racine, qui n'admire la force comique de Molière, la naïveté du bon Lafontaine, l'éloquence douce et persuasive de Fénélon, la majesté de Bossuet, l'élégance et le goût de Boileau ; les pensées ingénieuses et profondes de Montesquieu, celles de la Rochefoucauld, qui sont devenues des axiomes; les peintures animées et le style original de La Bruyère; Descartes, Pascal, d'Aguesseau, Mallebranche, Vertot, historien agréable et élégant ; Saint-Réal, égal et peut-être supérieur à Salluste dans sa conjuration de Venise. J.-B. Rousseau, Mme Deshoulières, Mme de

Sévigné, et un grand nombre d'autres, appartiennent à ce siècle à jamais mémorable, par l'alliance du génie et de l'esprit religieux. Dans les sciences naturelles, Buffon a mérité une place à côté d'Aristote et de Pline. Parmi les peintres, le Brun, le Poussin, Lesueur, ont acquis une réputation immortelle. On doit à Claude Perrault le plus beau monument d'architecture moderne. Personne n'a égalé Vauban dans l'art de fortifier les places.

Religion. — Toutes les religions ont en France le libre exercice de leur culte ; mais la religion catholique est celle de l'Etat, est celle de la plus grande partie de la population.

Capitale. — La capitale de la France est Paris. C'est une ville des plus grandes, des plus peuplées et des plus commerçantes de l'Europe. Elle est située sur la Seine ; qui la divise en deux parties, l'une au nord et l'autre au sud. Elle renferme un très-grand nombre d'édifices, et ne le cède qu'à Rome en monumens. On y compte six palais principaux, parmi lesquels celui *des Tuileries*, le *Palais du Louvre*, qui semble ne faire qu'un même édifice avec celui des Tuileries, auquel il est joint par une longue galerie. Le *Palais-Royal*, autrefois palais *Richelieu*, devenu le rendez-vous public des curieux et des désœuvrés de la capitale, offre plutôt l'aspect d'une foire que celui d'un palais, etc. etc.

Eglises. — Plusieurs des églises de Paris méritent d'être remarquées : la cathédrale est un bâtiment gothique, très-vaste et très-élevé; l'église de *Saint-Eustache* offre un modèle de hardiesse et de légèreté; celle de *Sainte-Geneviève*, bâtie sur la fin du 18.me siècle, est d'une architecture magnifique, et très-riche en sculpture. On admire le magnifique portail de l'église Saint-Sulpice.

Hôpitaux. — On compte à Paris plusieurs hôpitaux considérables : l'*Hôtel-Dieu*, qui peut recevoir plus de 4,000 malades, l'*Hôtel des Invalides* a été érigé par Louis XIV, pour loger et nourrir les soldats infirmes.

Ponts. — Quinze ponts, dont neuf de pierre, très-beaux, établissent une communication facile entre les différentes parties qui composent la capitale de la France.

Bibliothèques. — Paris a de nombreuses bibliothèques, dont la principale, qui porte le nom de *Bibliothèque royale*, est une des plus riches du monde en livres et en manuscrits ; on estime le nombre de ces derniers à 80,000.

Paris, la première ville manufacturière du royaume, fournit au commerce les objets les plus précieux. Elle est le *rendez-vous* des artistes en tout genre ; et dans tout ce qui concerne les arts, le Parisien est le *Français* par excellence.

§. V.

Division de la France, et ses principales Villes.

Lorsque Jules-César fit la conquête de la Gaule, elle était divisée en trois parties principales : la Belgique, au nord ; la Celtique, au milieu, et l'Aquitaine, au sud-ouest.

Sous les Romains, elle fut divisée en quatre parties principales : la Belgique, la Lyonnaise, l'Aquitaine et la Narbonnaise.

Enlevée aux Romains par les Francs, la Gaule prit le nom de France, et se trouva, sous la première race de nos Rois, tantôt réunie sous un seul prince, tantôt divisée en plusieurs petits royaumes (1).

---

(1) Ces royaumes étaient ceux de Paris, de Soissons, d'Orléans, de Bourgogne, de Neustrie (aujourd'hui Normandie), et d'Austrasie, c'est-à-dire, France orientale.

Avant la révolution, la France se divisait en trente-quatre provinces ou intendances, qui variaient beaucoup pour leur étendue, et dont certaines embrassaient une partie considérable de son territoire. Elle se divise aujourd'hui en quatre-vingt-six départemens ou préfectures, dont l'étendue, plus uniforme, est généralement bien moins considérable que celle des provinces dont ils furent formés. Les noms de ces départemens ont été pris, pour la plupart, des rivières, des montagnes, et des autres accidens physiques qui ont paru les plus propres à les caractériser.

TABLEAU
COMPARATIF
DES ANCIENNES ET DES NOUVELLES
DIVISIONS DE LA FRANCE.

Nota. Toutes les Villes marquées d'un astérisque, étaient autrefois Capitales de Province.

PROVINCES.	DÉPARTEMENS.	CHEFS-LIEUX.
Huit au Nord.		
1. La Flandre.	Nord.	Lille.*
2. L'Artois.*	Pas-de-Calais.	Arras.*
3. La Picardie.	Somme.	Amiens.*
	Seine-Inférieure.	Rouen.*
	Eure.	Evreux.
4.*La Normandie.	Calvados.	Caen.
	Orne.	Alençon.
	Manche.	Saint-Lô.
	Aisne.	Laon.
	Oise.	Beauvais.
5. L'Ile-de-France.	Seine-et-Marne.	Melun.
	Seine.	Paris.*
	Seine-et-Oise.	Versailles.

PROVINCES.	DÉPARTEMENS.	CHEFS-LIEUX
6. La Champagne.	Ardennes.	Mezières.
	Marne.	Châlons.
	Aube.	Troyes.
	Haute-Marne.	Chaumont.
7. La Lorraine.	Moselle.	Bar.
	Meuse.	Metz.
	Meurthe.	Nancy.
	Vosges.	Epinal.
8. L'Alsace.	Bas-Rhin.	Strasbourg.
	Haut-Rhin.	Colmar.

Douze au milieu.

	Finistère.	Quimper.
	Côtes-du-Nord.	Saint-Brieuc.
1. La Bretagne.	Ile-et-Vilaine.	Rennes.
	Morbihan.	Vannes.
	Loire-Inférieure.	Nantes.
2. Le Maine.	Mayenne.	Laval.
	Sarthe.	Le Mans.
	Eure-et-Loire.	Chartres.
3. L'Orléanais.	Loiret.	Orléans.
	Loir-et-Cher.	Blois.

PROVINCES.	DÉPARTEMENS.	CHEFS-LIEUX.
	Yonne.	Auxerre.
4. La Bourgogne.	Côte-d'Or.	Dijon.
	Saône-et-Loire.	Mâcon.
	Ain.	Bourg.
	Haute-Saône.	Vesoul.
5. La Franche-Comté.	Doubs.	Besançon.
	Jura.	Lons-le-Saunier.
6. L'Anjou.	Mayenne-et-Loire.	Angers.
7. La Touraine.	Indre-et-Loire.	Tours.
8. Le Berri.	Cher.	Bourges.
	Indre.	Chateau-Roux.
9. Le Nivernais.	Nièvre.	Nevers.
	Vendée.	Bourbon-Vendée.
10. Le Poitou.	Les Deux-Sèvres.	Niort.
	Vienne.	Poitiers.
11. La Marche.	Creuse.	Gueret.
12. Le Bourbonnais.	Allier.	Moulins.

Quatorze au Sud.

1. La Saintonge.	Charente-Inférieure.	La Rochelle.
	Charente.	Angoulême.

PROVINCES.	DÉPARTEMENS.	CHEFS-LIEUX.
2. Le Limousin	Haute-Vienne.	Limoges.
	Corrèze.	Tulle.
3. L'Auvergne.	Puy-de-Dôme.	Clermont.
	Cantal.	Aurillac.
4. Le Lyonnais.	Loire.	Montbrison.
	Rhône.	Lyon.
5. La Guienne.	Gironde.	Bordeaux.
	Dordogne.	Périgueux.
	Lot.	Cahors.
	Aveiron.	Rhodez.
	Lot-et-Garonne.	Agen.
6. La Gascogne.	Landes.	Mont-de-Marsan.
	Gers.	Auch.
	Hautes-Pyrénées.	Tarbes.
7. Le Languedoc.	Haute-Loire.	Le Puy.
	Ardèche.	Privas.
	Lozère.	Mende.
	Gard.	Nîmes.
	Hérault.	Montpellier.
	Tarn.	Albi.
	Tarn-et-Garonne	Montauban.
	Aude.	Carcassonne.
	Haute-Garonne.	Toulouse.

PROVINCES.	DÉPARTEMENS.	CHEFS-LIEUX.
	Isère.	Grenoble.
8. Le Dauphiné.	Drôme.	Valence.
	Hautes-Alpes.	Gap.
9. Le Comtat.	Vaucluse.	Avignon.
	Basses-Alpes.	Digne.
10. La Provence.	Var.	Draguignan.
	Bouches-du-Rhône.	Marseille.
11. Le Béarn.	Basses-Pyrénées.	Pau.
12. Le Comté de Foix.	Ariège.	Foix.
13. Le Roussillon.	Pyrénées-Orientales.	Perpignan.
14. L'Ile de Corse.	Corse.	Ajaccio.

ARTICLE VI.

Aperçu général sur la Suisse.

§. PREMIER.

Géographie historique.

NOM ANCIEN ET MODERNE. — La Suisse faisait autrefois partie de la Gaule et de la Rhétie, et un des principaux peuples qui l'habitaient, se nommait les Helvétiens. Son nom moderne vient de celui du canton de Schwitz.

HISTOIRE. — La Suisse, après avoir fait partie de la Gaule sous les Romains, et de la France sous les rois de la première race, fut réunie à l'Allemagne, et partagée, comme les autres parties de cet empire, entre différens souverains ; mais les habitans de ce pays, poussés à bout par les vexations et les violences de leurs gouverneurs, se mirent peu-à-peu en liberté, et formèrent enfin une république, dont la souveraineté fut reconnue par la maison d'Autriche en 1648. En 1802, la Suisse ajouta six cantons aux treize qu'elle possédait déjà, et en 1815, les puissances alliées y réunirent ceux de Genève et du Valais, et celui de Neuchâtel, qui reconnut le roi de Prusse comme souverain. La Suisse est aujourd'hui une république fédérative, composée de vingt-deux cantons.

§. II.

Géographie mathématique.

BORNES. — La Suisse est bornée, au nord, par l'Allemagne; au sud, par l'Italie; à l'est, par l'Autriche; à l'ouest, par la France.

SITUATION. — Elle est située entre le 45.ᵉ et le 48.ᵉ degrés de latitude septentrionale, et entre le 3.ᵉ et le 8.ᵉ degrés de longitude orientale.

ETENDUE. — Elle a environ 100 lieues de longueur sur 75 de large.

§. III.

Géographie physique.

CLIMAT. — Le climat de la Suisse a une réputation méritée de salubrité et d'agrément.

Il est très-varié. Pendant l'hiver, le froid est assez rigoureux, parce qu'il s'y trouve beaucoup de montagnes qui sont couvertes de neige; pendant l'été, l'inégalité du sol fait varier la température dans ce pays : souvent on fait la récolte d'un côté des montagnes, tandis qu'on ensemence de l'autre.

Sol. — Quoique le sol de la Suisse soit, en général, peu fertile, les habitans ont su fertiliser, par leur industrie, les lieux que la nature semblait avoir condamnés à une éternelle stérilité. On voit avec admiration des rochers tapissés de vignes et de pâturages. On aperçoit les traces de la charrue empreintes sur le flanc des précipices, et l'on conçoit à peine comment les chevaux ont pu y monter. En un mot, la Suisse, dans son enceinte resserrée, réunit le sol et les productions du nord et du sud.

Aspect du pays.—Tout ce qu'il y a de grand, d'extraordinaire, tout ce qui peut inspirer l'admiration ou l'effroi; tous ces traits hardis, tristes et mélancoliques que la nature se plaît à répandre dans ses divers sites, tout ce qu'elle offre de scènes romantiques, douces et pastorales, semblent s'être réunis dans la Suisse pour en faire le jardin de l'Europe. Nul pays dans le monde ne surpasse la Suisse en variétés de paysages. La vaste chaîne des Alpes, ses énormes précipices, ses masses de neige perpétuelle, ses glaciers resplendissans, contrastent avec les vignobles, les champs cultivés, la sombre majesté d'épaisses forêts, la verdure de tranquilles vallées, ornées de simples chaumières, et arrosées par des ruisseaux d'un cristal limpide.

§. IV.

Géographie politique.

POPULATION. — La population de la Suisse est évaluée à un million huit cent cinquante mille habitans.

MOEURS, USAGES DES HABITANS. — Les habitans de la Suisse sont laborieux et braves; les fatigues de l'agriculture les rendent propres à supporter celles de la guerre. Ils ont des mœurs simples, une conduite franche et un grand amour pour la liberté. Les Suisses sont d'une fidélité à toute épreuve, ce qui fait que plusieurs princes de l'Europe se servent d'eux pour la garde de leur personne. On les accuse d'être prompts à se mettre en colère, et grands buveurs. Il règne sur tous les individus, dans leurs maisons, et même dans leurs chaumières, un air de propreté et d'aisance qui charme les voyageurs.

Les Suisses se font remarquer par un vif attachement pour leur patrie; il en est peu qui n'y retournent finir leurs jours. Ils ne résistent point à l'impression de ce sentiment, et la moindre chose suffit pour le réveiller.

Langage. — La langue des Suisses est un dialecte germanique; mais le français est plus répandu : c'est la langue de leurs meilleurs écrivains.

Religion. — Une grande partie des cantons Suisses professe la religion catholique; les autres cantons sont calvinistes.

Capitale. — La capitale de la Suisse est *Berne*. Cette ville, grande et bien bâtie, est située sur l'*Aar*; ses rues sont larges et lavées par des eaux courantes. On y remarque surtout l'hôtel des Monnaies, les greniers à blé, la cathédrale et plusieurs autres beaux édifices. Elle possède une riche bibliothèque, où l'on voit une précieuse collection de tous les quadrupèdes et oiseaux de la Suisse.

Division. — On divise la Suisse en 22 cantons, comme on le voit dans le tableau suivant :

DIVISION DE LA SUISSE.

SITUATION.	CANTONS, 22.	CHEFS-LIEUX.
Au Nord,	Bâle.	Bâle.
	Soleure.	Soleure.
	Argovie.	Arau.
	Zurich.	Zurich.
	Schaffouse.	Schaffouse.
	Thurgovie.	Frauenfeld.
	Saint-Gall.	Saint-Gall.
	Appenzell.	Appenzell.
Au Centre,	Zug.	Zug.
	Schwitz.	Schwitz.
	Glaris.	Glaris.
	Grisons.	Coire.
	Uri.	Altorf.
	Underwald.	Stantz et Sarnem.
	Lucerne.	Lucerne.
	Berne.	Berne.
	Fribourg.	Fribourg.
	Neuchâtel.	Neuchâtel.
	Vaud.	Lausanne.
	Genève.	Genève.
Au Sud,	Valais.	Sion.
	Tessin.	Bellinzone.

ARTICLE VII.

De l'empire d'Autriche.

L'empire d'Autriche comprend l'*Autriche* proprement dite, la *Bohême* et la *Hongrie*. Ces deux derniers royaumes, après avoir long-temps eu des rois particuliers, passèrent à la maison d'Autriche.

Dans les temps anciens, ce pays faisait partie de la Pannonie, et fut occupé par des nations différentes. Les principales furent les Goths et les Esclavons. Les descendans des Germains, ancienne race gothique, y forment la classe la plus nombreuse et la plus industrieuse. La Bohême était primitivement un royaume Esclavon, et l'on peut rapporter à la même origine, les Polonais et les Hongrois. Nous allons donner dans les trois sections suivantes, un aperçu général de l'*Autriche proprement dite*, de la Bohême et de la Hongrie.

SECTION PREMIÈRE.

Aperçu général sur l'Autriche.

§. PREMIER.

Géographie historique.

Nom ancien, histoire. — L'Autriche, autrefois *Norique* et *Rhétie*, fut érigée en archiduché avec de grands priviléges. Ce fut l'empereur Rodolphe qui jeta les fondemens de la grandeur de la maison d'Autriche, l'une des plus puissantes de l'Europe. Cette maison a donné 16 empereurs à l'Allemagne, et 6 rois à l'Espagne. Elle s'éteignit par la mort de l'empereur Charles VI. François, duc de Lorraine, ayant épousé Marie-Thérèse, fille de l'empereur Charles VI, ce mariage mit dans sa maison l'héritage de la maison d'Autriche ; ses descendans en sont aujourd'hui en possession, ainsi que de la couronne impériale passée sur leur tête comme par droit de succession.

§. II.

Géographie mathématique.

BORNES.—L'Autriche est bornée, au nord, par la Bohème et les monts Karpacks; au sud, par la mer Adriatique et les provinces Illyriennes; à l'est, par la Hongrie; à l'ouest, par une partie de l'Italie et de l'Allemagne.

SITUATION. — Elle est située entre le 46.ᵉ et le 49.ᵉ degrés de latitude septentrionale, et entre le 11.ᵉ et le 16.ᵉ degrés de longitude orientale.

ETENDUE.—Elle a environ 100 lieues de longueur sur 75 de largeur.

§. III.

Géographie physique.

CLIMAT.—En général, le climat de l'Autriche propre est doux et salubre, quoique souvent exposé à des vents violens, et, à l'exception de la partie montagneuse, les provinces du sud jouissent d'une délicieuse température. Les grandes vallées du pays au-dessus de l'Ens, penchent entièrement vers le nord, et offrent une température froide et humide; cependant il existe une grande différence entre le pays au-dessus de l'Ens, et celui au-dessous de cette rivière. Le premier, appelé Haute-Autriche, a l'hiver long et rigoureux ; sa position très-élevée, le grand nombre de lacs et l'exposition boréale, contribuent à rendre le climat de cette province très-rude. L'air, en revanche, y est très-salubre. Dans le pays au-dessous de l'Ens, moins élevé et plus ouvert, on jouit d'un été beaucoup plus chaud qu'à Paris. L'hiver y est plus froid, mais moins nébuleux et moins pluvieux.

Sol. — Le sol est, en général, peu fertile ; et l'Autriche ne récolte pas même assez de blé pour sa consommation. Cependant si, plus actifs et plus industrieux, les cultivateurs se déterminent un jour à manier la hache et le hoyau, d'abondantes moissons les dédommageront de leur travail. La culture des pommes, poires et autres fruits est en vigueur dans l'Autriche, et l'on y fait du cidre en abondance.

Aspect du pays. — En général, les pays soumis à l'Autriche offrent plus de montagnes que de plaines ; elle diffère, en cela, de la Russie et de la Prusse. L'aspect de ce pays est embelli, diversifié par plusieurs belles rivières, et notamment par le Danube et la Pleiss, qui porte à ce fleuve le tribut de ses eaux, et traverse les plaines marécageuses qui occupent le centre de la Hongrie. A peine est-il un petit canton qui n'ait des eaux en abondance. On peut dire que l'Autriche s'offre sous un aspect intéressant et agréablement varié; et tout ce que l'Europe présente de plus utile et de plus aimable dans le règne végétal, semble s'y réunir pour charmer l'œil du voyageur.

§. IV.
Géographie politique.

Population. — La population de l'Autriche proprement dite, est évaluée à douze millions six cent mille habitans.

Mœurs, usages des habitans. — Les mœurs et les usages varient dans les vastes Etats soumis à la maison d'Autriche. Les Viennois sont de bonnes gens, très-gais et très-hospitaliers. Les habitans de l'Autriche au-dessus de l'Ens, se font remarquer par un courage et une fidélité qui a souvent sauvé la monarchie, ainsi que par une industrie infatigable. Ils jouissent d'une bonne constitution; ils sont aussi regardés comme un des peuples les plus sobres du monde. En Autriche, le peuple est fort à l'aise ; les fermiers, et même les paysans, le cèdent peu à ceux de l'Angleterre. Tous les voyageurs parlent de l'abondance qui règne à Vienne. On voit peu les gens de qualité s'occuper d'étude ; il en résulte que les lettres sont peu cultivées en Autriche, et que le langage y est demeuré grossier et imparfait. C'est un des plus mauvais dialectes de l'allemand. Parmi les gens polis, il est de mode de parler français. Les classes inférieures ne sont pas en général vicieuses, et les punitions sont rares. Il y a peu de vols, et presque jamais de meurtres. Si l'on est obligé d'infliger la peine capitale, on le fait avec beaucoup de solennité.

RELIGION. — La religion catholique est la seule reconnue dans l'Autriche ; les autres sont seulement tolérées.

CAPITALE. — La capitale de l'Autriche est *Vienne*. Elle est située sur la rive méridionale du Danube, dans une plaine fertile qu'arrosent une branche de ce fleuve et la petite rivière de *Wien*. Elle est bâtie sur les fondemens de l'ancienne *Vindobona* ; ses rues sont généralement étroites, tortueuses et sales ; il n'y a guère que celle dite des Seigneurs qu'on puisse regarder comme belle ; elle est formée par une suite d'hôtels magnifiques. Elle possède un nombre considérable d'édifices et de monumens. La bibliothèque impériale passe pour la plus riche de l'Europe, après celle de Paris. Elle est composée de 200,000 volumes et de 12,000 manuscrits. On y voit ceux de *Dioscoride* et de *Tite-Live*, et la collection de toutes les éditions depuis les premiers temps de l'imprimerie jusqu'en 1500.

DIVISION. — L'archiduché d'Autriche se divise en deux parties :

1.° Les pays au-dessous de l'Ens, capitale Vienne ;

2.° Les pays au-dessus de l'Ens, capitale Lintz.

SECTION II.

Aperçu général sur la Bohème.

§. PREMIER.

Géographie historique.

HISTOIRE. — La Bohème fut originairement peuplée par une colonie de Boïens sortis de la Gaule, sous la conduite de *Sigovèse*, pour aller s'établir dans cette contrée, et c'est de ce peuple qu'elle a pris son nom. Les Marcomans s'y établirent ensuite, et après eux, les Esclavons. Ces derniers défrichèrent le pays, qui était alors couvert de bois. Dans la suite la couronne de Bohème passa à la maison d'Autriche; mais la Bohème a toujours conservé les formes de son ancienne constitution.

§. II.

Géographie mathématique.

BORNES. — La Bohème est bornée, au nord, par la Russie ; au sud, par l'Autriche ; à l'est, par la Hongrie ; à l'ouest, par l'Allemagne.

SITUATION. — Elle est située entre le 48.e et le 51.e degrés de latitude septentrionale, et entre le 10.e et le 16.e degrés de longitude orientale.

ÉTENDUE. — Elle a environ 120 lieues de long sur 75 de large.

§. III.

Géographie physique.

CLIMAT. — La Bohème, quoique située sous la même latitude que la France septentrionale, a, en général, un climat plus stable, plus salubre et plus agréable. Cependant l'air, quoique froid, est malsain dans quelques parties de ce royaume, où il cause quelquefois la peste.

SOL. — Le sol consiste, en général, dans un limon gras dont la fertilité surpasse toute idée. Les productions de la Bohème sont très-variées. On y trouve jusqu'à des diamans qui ont leur mérite, quoiqu'ils soient inférieurs à ceux de l'Asie.

ASPECT DU PAYS. — Ce royaume offre un bassin presque rond, élevé, entouré d'une chaîne de montagnes granitiques.

§. IV.

Géographie politique.

Population. — La population de la Bohème est évaluée à quatre millions neuf cent mille habitans.

Qualités physiques, moeurs, usages. — Les Bohémiens montrent un caractère qui les fait distinguer partout des Allemands. Ils ont la taille moyenne, les yeux vifs, les traits fins et spirituels. Le talent des Bohémiens pour la musique est connu. Le goût de l'harmonie semble inné chez eux. Leur langue est l'esclavonne, avec un mélange d'allemand. Les Bohémiens, en général, estiment fort peu les lettres, se bornent au commerce intérieur du pays, et sont bons pasteurs et bons cultivateurs.

Religion. — La religion catholique est la dominante dans toute la Bohème. On compte néanmoins 50,000 protestans et autant de juifs.

Capitale. — La capitale de la Bohème est Prague. Cette ville, très-grande, est peuplée de 80,000 habitans. Elle est située dans une vallée sur la *Moldau*, que l'on traverse sur un beau pont de pierre qui a 18 arches. Des deux côtés on voit de belles statues, entr'autres celle de *Saint-Jean Népomucène*, que le roi Venceslas fit jeter dans la rivière, parce qu'il n'avait pas voulu révéler la confession de la reine. Elle est distinguée en trois parties : l'ancienne ville, la ville neuve et le petit Prague. On y remarque de beaux édifices, surtout l'église métropolitaine.

DIVISION. — La Bohème se divise en 16 cercles et un district.

SECTION III.

Aperçu général sur la Hongrie.

§. PREMIER.

Géographie historique.

HISTOIRE. — La Hongrie faisait autrefois partie de la Pannonie et de la Dacie. Depuis le milieu du quatrième siècle jusque vers la fin du neuvième, elle fut occupée par différens peuples barbares, les *Vandales*, les Goths, les Huns, les Lombards, etc., et enfin, par les *Ogres* ou Hongrois qui étaient d'une barbarie qu'on ne saurait exprimer. Maîtres de la Hongrie, ils ne commencèrent à former un Etat policé que lorsqu'ils eurent embrassé la religion chrétienne. Saint Etienne, un de leurs chefs, fut élu roi vers l'an 1000, et c'est depuis ce temps que les Hongrois, devenus chrétiens, ont formé un Etat fixe et stable. Enfin, la couronne de Hongrie, après avoir passé à des princes de différentes nations, entra, en 1527, dans la maison d'Autriche, et les droits héréditaires de cette maison sont devenus incontestables.

§. II.

Géographie mathématique.

BORNES.—La Hongrie est bornée, au nord, par les monts Karpacks qui la séparent de la Pologne; au sud, par le Danube qui la sépare de la Turquie d'Europe; à l'est, par une partie de la Russie et de la Turquie d'Europe; à l'ouest, par l'Autriche.

SITUATION.—Elle est située entre le 45.ᵉ et le 51.ᵉ degrés de latitude septentrionale, et entre le 14.ᵉ et le 24.ᵉ degrés de longitude orientale.

ETENDUE.— Elle a environ 200 lieues de longueur sur 150 de largeur.

§. III.

Géographie physique.

Climat. — Le climat de la Hongrie est très-varié; dans les plaines, la température diffère extrêmement de celle des montagnes. La neige ne reste jamais plus de quinze jours dans la partie méridionale du plat pays, tandis que dans les montagnes septentrionales, elle tombe ordinairement dans le mois de Septembre, et est à peine fondue avant la mi-Juin. Les lacs nombreux et les marais rendent l'air humide et mal sain dans ce pays; le froid de la nuit et la chaleur du jour y sont extrêmes; néanmoins les vents qui soufflent des montagnes carpatiennes remédient en partie à ces inconvéniens. Du moins les habitans de ce pays sont remarquables par leur santé et leur tempérament robuste.

Sol. — Le sol de la Hongrie, presque le plus fertile de toute l'Europe dans la partie sud-est, produit les plus beaux blés sans engrais et sans culture. La Hongrie possède aussi de riches pâturages, et élève une grande quantité de bétail, surtout dans la partie supérieure et montueuse. Après la culture du blé et l'éducation des bestiaux, les plantations de vignes forment en Hongrie la branche la plus étendue de l'économie rurale. Le vin le plus renommé est celui qui porte le nom de Tokay.

Aspect. — En général, la Hongrie présente un aspect très-varié ; cependant quelques cantons incultes offrent un sable mouvant et stérile, surtout dans la grande plaine inférieure, qui est très-redouté des voyageurs à cause du danger qu'ils courent de s'y égarer, et d'être souvent attaqués par des brigands.

§. IV.

Géographie politique.

Population. — On évalue la population de la Hongrie à neuf millions huit cent mille habitans.

Qualités physiques, mœurs, usages. — Les Hongrois ont une belle taille ; ils sont bons soldats. Leurs mœurs ont contracté une teinte de celles de l'Allemagne, depuis qu'ils sont sous la domination de l'Autriche ; mais ils ont conservé une partie de leur ancienne fierté, et ils affectent de mépriser leurs maîtres. On sait qu'ils ont une manière de se vêtir qui leur est particulière ; c'est à peu-près celle de nos hussards. La moustache que les Hongrois ont conservée, relève leur air guerrier.

Les Esclavons ou habitans de l'Esclavonie, sont en général d'une taille haute et élancée. Ils sont endurcis à la fatigue : ils baignent les enfans, été comme hiver, dans les rivières : leur costume est moitié hongrois, moitié turc. Les Esclavons sont braves, mais on les accuse d'ignorance et de paresse. Les Croates sont encore plus grossiers et plus ignorans que les Esclavons.

Religion. — La religion dominante de la Hongrie, est la religion catholique; les autres y sont seulement tolérées.

Capitale. — La ville principale de la Hongrie est *Presbourg*. Elle est située sur le Danube, large en cet endroit de 125 toises, et au pied d'une montagne dite le *Kœnisberg*, sur laquelle est le château. La position en est agréable et riante, et l'air plus sain qu'en plusieurs autres villes de Hongrie. Elle a de beaux édifices, parmi lesquels on remarque l'église paroissiale où l'on sacre le roi.

Division. — On divise la Hongrie en 4 cercles :

1.º Cercle au-delà du Danube, capitale Bude;

2.º Cercle en deçà du Danube, capitale Odenbourg;

3.º Cercle en deçà de la Theiss, capitale Erlau;

4.º Cercle au delà de la Theiss, capitale Débrazin.

Division de l'empire d'Autriche. — Voyez le tableau suivant:

DIVISION DE L'EMPIRE D'AUTRICHE.

SITUATION.	PROVINCES, 13.	CHEFS-LIEUX.
Dans la Confédération germanique.	Bohème.........	Prague.
	Moravie.........	Brunn.
	Autriche.........	Vienne.
	Tyrol...........	Inspruck.
	Styrie..........	Gratz.
	Illyrie..........	Laybach.
Hors la Confédération germanique.	Gallicie.........	Lemberg.
	Hongrie.........	Bude.
	Transylvanie.....	Hermanstad.
	Sclavonie........	Eszek.
	Lombard-Vénitien	Milan.
	Croatie..........	Agram.
	Dalmatie.........	Zara.

CHAPITRE III.

PARTIES DU SUD.

ARTICLE PREMIER.

Aperçu général sur la Turquie d'Europe.

§. PREMIER.

Géographie historique.

POPULATION PRIMITIVE. — La population primitive de la Turquie d'Europe tire son origine des Scythes du *Pont-Euxin*; les ancêtres des *Thraces*, des *Daces*, et même des *Grecs*. Les Turcs de nos jours doivent être regardés comme un mélange de divers peuples. S'ils sont originaires des monts Altaïques en Tartarie, ainsi que les meilleures autorités nous portent à le croire, ils ont appartenu à ces peuples que les anciens appelaient Scythes, au-delà de l'Imaüs.

Histoire. — Les Turcs étendirent leurs conquêtes sous divers chefs, et dans l'espace de plusieurs siècles, jusqu'au détroit de Constantinople.

Vers l'an 1329, *Osman* ou *Ottoman* conquit, sur l'empereur grec de Constantinople, plusieurs villes et des provinces entières, et jeta ainsi les fondemens de l'empire, qui depuis a porté son nom.

En 1453, *Mahomet II*, sultan des Turcs, prit Constantinople après un long siége, et mit fin à l'empire grec, qui avait subsisté plus de dix siècles. Il transféra sa cour dans cette anciene capitale de l'empire d'Orient, et fut le premier des sultans qui prit le titre d'*empereur*.

Les Grecs qui, de temps immémorial, occupent la partie méridionale de la Turquie, ont, depuis quelques années, secoué le joug des Turcs dans les îles de l'Archipel, dans la Morée et dans la Livadie. Nous réunirons néanmoins la Turquie et la Grèce dans un même article.

§ II.

Géographie mathématique.

Bornes. — La Turquie d'Europe est bornée, au nord, par la Hongrie et la Russie; au sud, par la mer Méditerranée ; à l'est, par l'Archipel et la mer Noire ; à l'ouest, par la mer Adriatique.

Situation. — Elle est située entre le 36.e et le 49.e degrés de latitude septentrionale, et entre le 14.e et le 27.e degrés de longitude orientale.

Etendue. — Elle a environ 325 lieues de longueur sur 230 de largeur.

§. III.

Géographie physique.

Climat. — Les vastes régions de la Turquie d'Europe jouissent, en général, d'une température délicieuse, d'un air pur, de saisons régulières. Ovide, qui fut exilé dans la Bulgarie moderne, anciennement la petite Scythie, a peint ce pays sous des couleurs qui ne lui conviennent plus depuis qu'on a fait disparaître les immenses forêts qui entretenaient le froid et l'humidité. Les parties montagneuses, jusque dans les parties les plus méridionales de la Turquie, participent de la froide température qui accompagne toujours les régions élevées; mais le riz, le vin et les olives que donnent la Grèce et la Macédoine, attestent que ces régions ont conservé, sous ce rapport, leur ancienne réputation.

Sol. — Le sol, quoique mal cultivé, est productif au delà de l'expression. Les saisons y sont régulières et riantes, et ont été chantées dans les siècles les plus reculés de l'antiquité; ainsi, les terres y seraient très-fertiles, si les Turcs étaient moins paresseux, et les chrétiens qui vivent parmi eux, moins opprimés.

Aspect du pays. — Ce pays, principalement montueux, renferme des montagnes entrecoupées de riantes plaines et de délicieux vallons. Au nord s'offre une plaine d'une vaste étendue. Les îles de l'archipel ont, en général, un aspect nu et stérile; mais la *Morée* offre les sites les plus enchanteurs, et la partie centrale, qui est l'*Arcadie*, se distingue toujours par ses vallons fleuris et ses bosquets délicieux.

§. IV.

Géographie politique.

POPULATION. — La population de la Turquie d'Europe est évaluée à neuf millions six cent mille habitans.

MOEURS, USAGES. — Les Turcs ont le maintien grave et sombre; ils sont, en général, bien faits et robustes, supportent patiemment la faim et les privations, et sont capables de soutenir les fatigues de la guerre, mais peu disposés à se livrer à l'industrie. Leur tempérance habituelle et leur exemption de passions violentes, contribuent à la conservation de leur santé et à la régularité de leurs traits. Leur genre de vie est simple et retiré; leurs plaisirs se ressentent de leur apathie. Les plus vifs sont d'être étendus sur un beau tapis, ou le long d'un ruisseau dans la belle saison, et de fumer le tabac de Syrie. L'usage de l'opium leur procure une sorte d'ivresse tranquille; mais l'excès de ce topique agace les nerfs, les rend féroces, et les fait tomber dans une sorte de marasme ou d'imbécillité morale. Les Turcs sont religieux observateurs de leur parole : extrêmes dans leurs sentimens, la haine, chez eux, va jusqu'au délire, et l'amitié jusqu'à l'héroïsme.

Ce n'est pas seulement dans l'habillement, dans la croyance religieuse et dans les choses les plus essentielles, que les Turcs et les Orientaux diffèrent des Européens ; cette différence se fait remarquer jusque dans les plus petites choses. Pour engager quelqu'un à s'approcher d'eux, ils font de la main le geste que nous employons pour repousser. Ils écrivent de droite à gauche ; le maître de la maison se sert le premier à table. Ils se couchent tout habillés. En Turquie, l'usage des bains chauds est universel dans toutes les classes.

Les Grecs modernes, généralement bien faits, se distinguent par leurs traits animés, leur gaîté naturelle et leur amour pour le plaisir. Ils ont malheureusement conservé de leurs pères la vanité et l'inconstance ; mais la nature ne leur refuse pas les dons de l'esprit ; ils naissent encore orateurs et poëtes.

Les Grecs modernes avaient été jusqu'ici regardés comme une race avilie, et tremblans sous le despotisme des Turcs; cependant on les a vus, dans ce dernier temps, lutter contre les Turcs avec des succès et des revers partagés. Les Arcadiens conservent encore quelque chose des mœurs et de la simplicité de l'âge pastoral. Il est d'usage parmi eux, comme chez les anciens, de payer, pour les funérailles, des pleureuses qui, par leurs cris et leurs sanglots, affectent les signes de la plus grande douleur.

Religion. — La religion mahométane est la religion des Turcs; cependant les chrétiens sont aussi nombreux que les mahométans dans la Turquie d'Europe.

Capitale. — La capitale de la Turquie est Constantinople. Elle fut bâtie sur les ruines de l'ancienne Bysance, par l'empereur Constantin, qui lui donna son nom. Elle a été la capitale de l'empire d'Orient, et la résidence des empereurs jusqu'à l'époque où les Turcs s'en sont rendus maîtres: depuis ce temps-là, elle est le siége de leur empire. Elle jouit de la situation la plus agréable et la plus avantageuse pour le commerce. Son port passe pour le plus beau et le plus sûr de l'univers. Dans l'intérieur de la ville, on remarque les places, qui sont grandes et belles, des mosquées magnifiques, dont le nombre est de neuf cent trente-quatre : Sainte-Sophie surtout l'emporte sur les autres ; elle fut construite par Justinien : sa hauteur est de 185 pieds, et son diamètre de 44. La peste et les incendies font, à Constantinople, de fréquens ravages.

Division. — On divise la Turquie d'Europe, comme on le voit dans le tableau suivant.

TABLEAU DE LA TURQUIE D'EUROPE.

SITUATION et parties.	PROVINCES.	CHEFS-LIEUX.	PROVINCES anciennes.
Nord, *Turquie d'Europe.*	Bosnie....	Bosna-Saraï......	Illyrie.
	Servie....	Belgrade........	} Mésie.
	Bulgarie...	Sophie.........	
	Valachie...	Bukarest........	} Dacie.
	Moldavie...	Jassi..........	
Centre,	Albanie....	Janina.........	{ Albanie. Épire.
	Romélie....	Constantinople.....	{ Macédoine. Thrace. Acarnanie.
Sud, *Grèce.*	Thessalie...	Larisse.........	Thessalie.
	Livadie....	Livadie.........	{ Étolie. Phocide. Béotie. Attique.
	Morée.....	Napoli de Romanie...	Péloponèse.

ILES VOISINES DE LA TURQUIE D'EUROPE.

SITUATION.	ILES.	CHEFS-LIEUX.
Mer Ionienne,	Corfou. (*Corcyre*)...	Corfou.
	Paxos.............	Porta-Gai.
	Sainte-Maure (*Leucade*).	Amaxichi.
	Théani (*Itaque*)......	Vathi.
	Céphalonie (*Cephallonia*)	Argostoli.
	Zante (*Zacynthus*)....	Zante.
	Cérigo (*Cythère*)....	Kapsuli.
Archipel,	Tasso.............	
	Somostraki.........	
	Statimène..........	Lemnos.
	Skiros.............	Skiros.
	Négrepont (*Eubée*)....	Négrepont.
	Andros.............	Andros.
	Tino...............	San-Nicolo.
	Myconi.............	Myconi.
	Zéa...............	Zéa.
	Hydra.............	Hydra.
	Thermia...........	Thermia.
	Naxos.............	Naxos.
	Paros.............	Parichia.
	Siphanto...........	Siphanto.
	Santorin...........	
	Candie (*Crète*)......	Candie.

ARTICLE II.

Aperçu général sur l'Italie.

§. PREMIER.

Géographie historique.

DIVISION ET NOM. — La nature a marqué de sa main puissante les limites de ce pays classique. Le golfe Adriatique, la mer Méditerranée et la chaîne des Alpes, séparent l'Italie de la France, de la Suisse et de l'Allemagne. Dans tous les temps, l'Italie a été divisée en trois parties : l'une est au sud, l'autre au nord, la troisième occupe l'espace intermédiaire. La partie du sud, où s'étaient établies plusieurs colonies grecques, en avait pris le nom de *Grande-Grèce*. Le milieu fut partagé entre les Etrusques et les Romains, qui y avaient le siége de leur empire. La partie du nord portait le nom de Gaule Cisalpine. L'Italie fut appelée successivement *Saturnia*, *OEnotria*, *Ausonia*, *Italia* du nom de quelques-uns des chefs qui y établirent leur domination.

Population primitive. — Les Pélages, venus du Péloponèse, ont formé la population primitive de la partie du sud ; celle du nord a été primitivement peuplée par les Illyriens, auxquels ont succédé les Gaulois de la Germanie. On pense que les Etrusques sont Lydiens d'origine. Il paraît que les Romains sont issus de quelque ancienne colonie grecque, leur langage étant regardé comme un dialecte grec de l'OEolie ; mais leur passage en Italie, remontant à des temps antérieurs à la civilisation de la Grèce, et des guerres continuelles les ayant maintenus dans leur premier état de barbarie ; il s'écoula un temps considérable avant que leurs mœurs prissent la teinte de la politesse de celle des Grecs.

Histoire. — On connaît les changemens qui, dans la suite, s'opérèrent en Italie, et les événemens mémorables de ce pays. Après avoir soumis les nations les plus guerrières, et avoir dominé, pendant long-temps, sur la plus grande partie du monde connu, Rome devint la proie de différens peuples barbares. Odoacre, roi des Hérules, détruisit, en 476, l'empire d'Occident, dont Rome était la capitale, et établit sur ses ruines le royaume des Hérules. En 562, les Lombards vinrent s'établir dans la partie septentrionale de l'Italie, et y fondèrent un royaume, qui, après avoir duré plus de 200 ans, fut éteint par Charlemagne. Ce prince donna une portion de ses États au pape; mais les fréquentes divisions qui survinrent entre les papes et les empereurs d'Allemagne, formèrent les nombreuses principautés qui ont depuis partagé ce pays. La partie méridionale de l'Italie, qui était toujours restée aux empereurs de Constantinople, leur fut enlevée par les *Arabes* ou Sarrasins; ceux-ci en furent dépouillés par des gentilshommes Normands, qui y fondèrent le royaume de Naples, appelé auparavant grande Grèce.

§. II.

Géographie mathématique.

BORNES. — L'Italie est bornée, au nord, par la France, la Suisse et l'Allemagne, et des trois autres côtés, par la mer.

SITUATION. — Elle est située entre le 36.e et le 46.e degrés de latitude septentrionale, et entre le 4.e et le 17.e degrés de longitude orientale.

ÉTENDUE. — Elle a environ 250 lieues de longueur sur 135 de largeur.

§. III.

Géographie physique.

CLIMAT. — Le climat de l'Italie est varié. Dans la partie septentrionale, l'air est vif et même froid, parce que cette partie confine aux Alpes, dont les sommets sont toujours couverts de neiges. Dans la partie méridionale, on jouit d'une douce température; on y trouve même des chaleurs assez considérables.

SOL. — L'Italie est une des plus fertiles régions de l'Europe. Le sol produit abondamment de quoi fournir aux besoins et aux délices de ses habitans.

ASPECT. — Les sites qu'offre l'Italie sont si variés, cette contrée est embellie de tant de célèbres monumens d'architectures; elle est si riche en restes vénérables de l'ancienne grandeur romaine; son climat est si beau, si riant, si serein même, malgré les pluies violentes auxquelles elle est sujette; les teintes de sa perspective aérienne sont si ravissantes, que le peintre le plus habile ne peut que difficilement rendre la beauté de ses paysages. Au nord, le spectacle imposant des Alpes constraste avec les plaines fertiles qui traversent un grand nombre de rivières, en allant se jeter dans le Pô. Au centre, des terrains marécageux et des eaux stagnantes rendent le pays mal sain; mais la chaîne pittoresque des Apennins, les charmantes perspectives de Tivoli et de Florence, excitent vivement l'admiration du voyageur. Au sud, quoique le royaume de Naples soit hérissé de montagnes, le pays y est généralement agréable. Néanmoins, au terrible inconvénient des éruptions du Vésuve et de l'Etna, se réunissent les dangers qui résultent des fréquens tremblemens de terre.

§. IV.

Géographie politique.

Population. — La population de l'Italie est évaluée à vingt millions d'habitans.

Moeurs, usages. — Les Italiens sont, en général, si bien proportionnés, qu'ils ont pu servir de modèles à leurs peintres; mais leur teint manque de cette fraîcheur que donne un climat froid. Ils sont généralement polis, ingénieux, spirituels; mais ils paraissent plus taciturnes que réfléchis, plus vindicatifs que braves, et plus superstitieux que dévots. Ils sont très-propres aux arts et aux sciences, qu'ils cultivent avec succès. Ils excellent dans la poésie, la peinture, la sculpture et la musique. Leur imagination, vive et brillante, les porte à tout décrire avec emphase; ils sont moins changeans que les Français, et n'ont pourtant rien du caractère réfléchi des Allemands.

Religion. — La religion catholique est celle de l'Italie.

Capitale. — Rome peut être considérée comme la capitale de l'Italie. Cette ville, fondée par Romulus vers l'an 753 avant J.-C., est située sur le Tibre, rivière qui est peu considérable relativement à sa célébrité. Rome était anciennement la capitale du monde païen et le séjour des empereurs; elle est aujourd'hui la capitale du monde chrétien et le siége des successeurs de saint Pierre. Cette auguste prérogative, et le grand nombre de martyrs qui l'ont arrêtée de leur sang, lui ont fait donner le surnom de *Sainte*. On y voit beaucoup d'édifices anciens qui ont échappé aux ravages du temps, en tout ou en partie. Elle a un plus grand nombre d'églises, de palais, de places et de fontaines qu'aucune autre ville de l'Europe. On y remarque principalement l'église de Saint-Pierre; le Vatican, qui contient une des plus riches bibliothèques qu'il y ait au monde.

DIVISION ANCIENNE ET MODERNE. — On divise l'Italie, comme on le voit dans le tableau suivant.

ITALIE.

DIVISION ANCIENNE ET MODERNE.

ÉTATS modernes.	CAPITALES.	PROVINCES anciennes.	PEUPLES ou villes.
États Sardes....	Turin.		Taurini.
Lombard-Vénitien....	Milan.	Gallia Cisalpina....	Médiolanum. Mantua. Mutina. Parma. Bergomum. Brixia. Bononia. Ravenna.
Duché de Parme.	Parme.	Liguria..... Venetia.....	Genua. Veneti, Istri.
Duché de Modène.	Modène.	Etruria, Tuscia	Florentia Falisci, Veii.
Principauté de Lucques.....	Lucques.	Umbria..... Picenum...	Pizaurum, Ancona. Latini, Rutuli. Albani, Ardeates. OEqui, Roma.
Duché de Toscane.	Florence.	Latium.....	Sabini, Fidenates. Hernici, Volsci.
États de l'Église.	Rome.	Samnium.... Apulia..... Campania.... Lucania..... Brutium.....	Samnites. Cannæ. Neapolis. Silaris. Crotona.
Royaume des Deux-Siciles.	Naples.	Sicilia.... Sardinia... Corsica.....	Messana. Syracusæ. Panormus. Caralis. Bastia.

ARTICLE III.

Aperçu général sur l'Espagne.

§. PREMIER.

Géographie historique.

Nom. — Quoiqu'il paraisse que l'Espagne ait été connue des Phéniciens, qui en tirèrent beaucoup d'argent dix siècles environ avant l'ère chrétienne, il est douteux qu'elle fût connue des Grecs du temps d'Hérodote ; mais lorsque les Grecs eurent fondé une colonie à Marseille, ils ne tardèrent pas à découvrir la partie septentrionale de cette fertile contrée. Ils la nommèrent *Ibéria*, du nom d'une grande rivière, nommée *Iberus*, l'Ebre. Sa situation à l'extrémité de l'ouest, la fit appeler aussi *Hespéria*. Ce sont les Romains qui lui ont donné le nom d'*Hispania*, qu'ils ont probablement tiré de la langue des indigènes, et ce nom a été diversement altéré dans les langues modernes. En espagnol, on dit *España*.

POPULATION PRIMITIVE. — L'Espagne, à

cause de sa situation, est peut-être de toutes les contrées de l'Europe, celle dont la population a été le plus mélangée. Il paraît que les *Celtes*, sortis des Gaules et des Maures venus d'Afrique, ont les premiers peuplé l'Espagne. Après que les Gaulois de Germanie se furent établis au midi de la moderne France, ils poussèrent jusque dans le nord-est de l'Espagne, où ils reçurent le nom de *Celtibériens*, 150 ans environ avant l'ère chrétienne. Les Carthaginois y avaient aussi fondé des colonies, et ils dominèrent dans la partie de l'est, jusqu'à l'an 200 avant l'ère chrétienne, époque où les Romains s'emparèrent de l'Espagne.

Au commencement du 5.e siècle, l'Espagne, comme les autres provinces de l'empire d'Occident, fut envahie par différens peuples venus du nord. Les *Vandales*, les *Suèves* et les *Alains*, se jetèrent sur la partie occidentale, et le *Visigoths*, qui conquirent ensuite le tout, y fondèrent une puissante monarchie. En 712, elle passa sous la puissance des *Arabes* ou des *Maures*, qui y furent appelés par le comte Julien, indigné d'un outrage qu'il avait reçu du roi Roderic; et pendant 700 ans que ces peuples s'y maintinrent, elle fut le théâtre de guerres continuelles. Ce fut alors que se formèrent différens royaumes, dont plusieurs provinces de l'Espagne conservent encore les titres. En 1479, Ferdinand, roi d'Aragon, réunit à sa couronne tous ces différens Etats; il enleva aux Maures le royaume de Grenade qui leur restait encore en Espagne, et obligea ces infidèles à repasser en Afrique. Ce fut lui qui, le premier, reçut le surnom de Catholique, que ses successeurs ont conservé.

Après la mort de Ferdinand, cette monarchie passa dans la maison d'Autriche par le mariage de Jeanne, sa fille unique, avec l'archiduc Philippe; et sous l'empereur Charles-Quint, qui naquit de ce mariage, elle parvint au comble de la gloire, et joua un grand rôle dans les affaires de l'Europe. Elle conquit, en Amérique, la plus grande et la plus riche partie de ce nouveau monde. En 1700, un prince de la maison de Bourbon monta sur le trône d'Espagne : c'était Philippe V, petit-fils de Louis XIV. Ses descendans ont occupé le trône jusqu'à nos jours.

§. II.

Géographie mathématique.

BORNES. — L'Espagne est bornée, au nord, par les Pyrénées et l'Océan atlantique ; au sud, par le même Océan, le détroit de Gibraltar et la mer Méditerranée ; à l'est, par la même mer ; à l'ouest, par l'Océan atlantique et le Portugal.

SITUATION. — Elle est située entre le 36.ᵉ et le 44.ᵉ degrés de latitude septentrionale, et entre le 11.ᵉ degré de longitude occidentale, et le 1.ᵉʳ de longitude orientale.

ETENDUE. — Elle a environ 240 lieues de longueur sur 200 de largeur.

§. III.

Géographie physique.

CLIMAT. — Le climat de l'Espagne est, en général, très-sec. Dans la partie septentrionale, l'air est vif, et même froid, parce que cette partie confine aux Pyrénées, dont les sommets sont toujours couverts de neige. Dans la partie méridionale, on éprouve de grandes chaleurs pendant l'été. Il règne dans ces contrées des fièvres malignes qui emportent beaucoup de monde. A Madrid, la température varie beaucoup à cause du voisinage des montagnes.

Sol. — Il n'est peut-être point de pays en Europe aussi généralement fertile que l'Espagne, et qui l'ait été davantage de tout temps. Les anciens y ont placé les *Champs-Elysées* et le jardin des *Hespérides*. Les Romains regardaient l'Espagne comme le grenier de leur empire, et la pépinière de leurs soldats. Le sol de l'Espagne ne demande donc qu'une main industrieuse pour le mettre en valeur; mais à peine aujourd'hui les deux tiers des terres sont-ils cultivés, et l'on fait assez souvent, six, huit, dix lieues sans y trouver une trace de culture.

Aspect. — L'Espagne offre, dans presque toutes les saisons, un aspect délicieux. Que peut-on désirer après ses pâturages embaumés, ses riches vignobles, ses bois d'orangers, ses collines couvertes de thim et de mille autres plantes odoriférantes; ses fleuves, rivières et ruisseaux, qui entrecoupent, fertilisent les plaines, arrosent les vallons; ses chaînes de montagnes, qui présentent, dans la perspective, la plus belle variété?

§. IV.

Géographie politique.

Population. — La population de l'Espagne est évaluée à dix millions cinq cent mille habitans.

Moeurs, usages, qualités physiques. — Dans aucun pays on ne voit une aussi grande diversité de caractères qu'en Espagne, au physique comme au moral ; ainsi les Castillans, qui cachent une constitution robuste sous des traits délicats, sont graves et sévères.

Les Galiciens sont grands, nerveux, courageux, laborieux, mais tristes et peu sociables.

Les habitans de l'Estramadure sont aussi très-robustes, et les plus basanés de toute l'Espagne, vains et indolens.

Rien n'égale l'apathie des Murciens, qui sont, d'ailleurs, méfians, soupçonneux, lents et lourds ; leur teint est hâve et plombé.

Les Valenciens, leurs voisins, sont, au contraire, délicats, légers inconstans, efféminés, et cependant industrieux, actifs, gais, affables, mais souvent dissimulés et perfides; le Catalan, indocile, fier, violent, infatigable, est nerveux, et d'une stature au-dessus de la moyenne.

Il en est de même des Aragonais, qui préfèrent à tout leur pays, leurs coutumes, quoique cependant pleins de jugement, et justes appréciateurs du mérite étranger.

Les habitans de l'Andalousie sont légers, sveltes, arrogans et fanfarons.

Les Biscayens sont forts, vigoureux, agiles; leur teint est beau; leur physionomie vive et animée; mais ils sont fiers, emportés, faciles à s'irriter.

La chaleur agit si fortement sur les corps en Espagne, que la *siesta* ou méridienne y est absolument nécessaire. Le principal défaut qu'on reproche à la noblese espagnole, c'est son aversion pour l'agriculture et le commerce. Au lieu de ces belles maisons de plaisance, de ces riches fermes qui couvrent le sol de la France et de l'Angleterre, on ne voit guère sur celui de l'Espagne que de misérables chaumières.

RELIGION. — La religion catholique est celle de l'Espagne.

CAPITALE. — La capitale de l'Espagne

est Madrid ; cette ville est située sur le Mansanarès, qui, pendant l'été, n'est qu'un simple ruisseau, quoiqu'on le traverse sur un pont magnifique. Philippe II est le premier roi d'Espagne qui ait établi sa cour dans cette ville. Elle est entourée de hautes montagnes, dont le sommet est souvent couvert de neige. Les rues sont larges, belles, bien pavées, ornées de fontaines et de statues de marbre. On y remarque aussi plusieurs beaux édifices, surtout le palais du roi, dont chaque façade a 470 pieds de longueur sur 100 de hauteur. Il est magnifique et richement orné, et peut-être le plus beau de l'Europe.

Division. — On divise l'Espagne en quatorze provinces, comme on le voit dans le tableau suivant.

DIVISION DE L'ESPAGNE.

SITUATION.	PROVINCES ET ROYAUMES.	CHEFS-LIEUX.
Au Nord,	Royaume de Galice.	Compostelle.
	Principauté des Asturies.	Oviédo.
	Biscaye.	Bilbao.
	Royaume de Navarre.	Pampelune.
	Royaume d'Aragon.	Sarragosse.
	Catalogne.	Barcelone.
Au Centre,	Royaume de Léon.	Léon.
	Estramadure.	Badajoz.
	Vieille-Castille, Nouvelle-Castille, } royaumes.	Burgos. Madrid.
	Manche.	Ciudad-Réal.
	Royaume de Valence.	Valence.
Au Sud,	Royaume d'Andalousie.	Séville.
	Royaume de Murcie.	Murcie.

Iles voisines de l'Espagne.

Dans la Méditerranée.	Iles Baléares.	Minorque.	Ciadadela.
		Majorque.	Palma.
		Cabrera.	
		Iviça.	Iviça.
		Formentera.	

ARTICLE IV.

Aperçu général sur le Portugal.

§. PREMIER.

Géographie historique.

Nom ancien et moderne. — Le nom de Portugal est très-moderne. Du temps des Romains, la ville, située à l'embouchure du Douro, et que l'on appelle aujourd'hui *Oporto*, était connue sous le nom de Calle. La réputation de son port fit donner aux régions circonvoisines, au milieu de la barbarie du moyen âge, le nom de Porte-Calle ; et à mesure que ce pays fut enlevé aux Maures, cette dénomination s'étendit à tout ce royaume. On l'appelait anciennement Lusitanie.

Histoire. — Le Portugal suivit, pendant long-temps, le sort de l'Espagne, dont il faisait partie. De la domination des Phéniciens et des Carthaginois, il passa sous celle des Romains ; ensuite les Alains, les Suèves, les Visigoths et les Arabes, Maures ou Sarrasins, le possédèrent successivement. Le Portugal devint ensuite le partage de l'un des guerriers qui expulsèrent les Maures, et c'est vers la fin du onzième siècle que commencent ses souverains. En 1580, Philippe II, roi d'Espagne, s'empara du Portugal; mais il ne resta sous la domination espagnole que pendant soixante ans. Maltraités dans leur propre pays, les Portugais se révoltèrent en 1640, et élurent pour roi le duc de Bragance, qui descendait de leurs anciens souverains, et, dès-lors, l'Espagne fut obligée de reconnaître le Portugal pour un royaume indépendant.

Les Portugais se sont rendus célèbres par leurs expéditions maritimes. On leur doit la découverte de presque toutes les côtes de l'Afrique.

§. II.

Géographie mathématique.

BORNES. — Le Portugal est borné, au nord et à l'est, par l'Espagne; à l'ouest et au sud, par l'Océan atlantique.

SITUATION. — Il est situé entre le 37.º et le 42.º degrés de latitude septentrionale, et entre le 9.ᵉ et le 12.ᵉ degrés de longitude occidentale.

Étendue. — Il a environ 125 lieues de longueur sur 60 de largeur.

§. III.

Géographie physique.

Climat. — Le Portugal, très-avantagé de la nature, jouit d'une température douce et agréable. A Lisbonne on compte annuellement deux cents beaux jours. Le nombre des jours où il pleut ne passe jamais quatre-vingts. Le voisinage de la mer, joint à l'élévation d'un sol montueux, tempèrent l'ardeur des rayons du soleil. On y respire un air sain, et les étrangers s'acclimatent facilement.

Sol. — Le sol est assez fertile pour l'agriculture, quoique le pays soit montagneux ; mais des tremblemens de terre désolent cette belle contrée. On y voit des forêts entières d'orangers, dont la première greffe fut portée de la Chine, il n'y a guère plus d'un siècle et demi. Avant ce temps, les orangers étaient inconnus en Europe.

Aspect. — Le Portugal est un pays couvert de montagnes ; il n'y a que deux plaines de quelque étendue, la plaine au midi du Tage, et la plaine à l'embouchure du *Vouga*; mais ce pays présente une foule de belles vallées et de coteaux rians. Plusieurs villes offrent des perspectives enchanteresses. On a choisi les endroits les plus agréables pour la culture. Les premiers habitans, comme inspirés par un esprit poétique, cherchèrent les sites les plus pittoresques pour y construire les villes. Les nombreux vignobles, les bosquets d'orangers, de citronniers, des ruisseaux limpides, des prairies verdoyantes, concourent à embellir le paysage de ces lieux favorisés par la nature.

§. IV.

Géographie politique.

Population. — La population du Portugal est évaluée à peu-près à trois millions six cent mille habitans.

Qualités physiques, moeurs, usages. — Les Portugais, ni aussi grands, ni aussi bien faits que les Espagnols, sont en général petits, gros et carrés. Ils ont les traits généralement réguliers ; ils se distinguent par une politesse aimable, une grande bonté et un goût pour l'hospitalité. Ils sont généreux, bons soldats, très-propres pour les sciences, et expérimentés sur mer et dans le négoce. Le Camoëns, auteur d'un poème épique (La Lusiade), est le plus célèbre des écrivains portugais.

Religion. — La religion catholique est la seule tolérée en Portugal.

Capitale. — La capitale du Portugal est Lisbonne. Cette ville est bâtie en amphithéâtre, sur la rive droite du Tage, très-près de l'embouchure de ce fleuve, dans l'Océan. Sa position, qui a la forme d'un croissant, présente un très-bel aspect. Depuis l'épouvantable tremblement de terre de 1755, elle a été reconstruite sur un plan bien plus parfait que l'ancien. L'inégalité du sol est compensée par les agrémens du coup d'œil dont on y jouit dans toutes les maisons. Plusieurs de ses édifices sont magnifiques, surtout le palais du roi.

Division. — Le Portugal se divise en six provinces, comme on le voit dans le tableau suivant.

DIVISION DU PORTUGAL.

SITUATION.	PROVINCES.	CHEFS-LIEUX.
Au Nord,	Entre-Douro-et-Minho. Tras-los-Montes......	Braga. Bragance.
Au Centre,	Beira............ Estramadure.......	Coïmbre. Lisbonne.
Au Sud,	Alem-Tejo........ Algarve...........	Evora. Tavira.

ARTICLE SUPPLÉMENTAIRE.

Aperçu général sur la Grèce.

§. PREMIER.

Géographie historique.

HISTOIRE ANCIENNE. — La Grèce était habitée par des barbares qui vivaient misérablement dans des cavernes ou sous des chaumières, lorsque *Inachus* y conduisit, de l'Egypte, la première colonie : elle fonda la ville d'Argos. Dans la suite, *Cécrops* s'établit, avec d'autres Egyptiens, sur l'emplacement d'Athènes ; et Cadmus vint se fixer, avec une troisième colonie, à Thèbes. Ces étrangers civilisèrent peu à peu les habitans grossiers. De fréquentes guerres, enfantées par la jalousie mutuelle, troublèrent souvent le repos de la Grèce. Athènes et Sparte finirent par l'emporter sur toutes les autres peuplades par leur héroïsme. Bientôt des invasions formidables mettent à l'épreuve le patriotisme des Grecs:

Les Perses passent en Europe, et pénètrent dans la Grèce ; mais ils sont repoussés. Cependant Philippe, roi de Macédoine, menace l'indépendance des Grecs ; son fils Alexandre traverse l'Asie en conquérant, et suivi de navigateurs et de géographes, il fonde des colonies grecques sur presque toutes les côtes de la Méditerranée. Lorsque l'empire d'Alexandre eut été partagé entre ses lieutenans, la Grèce, perdant ses vertus et sa simplicité primitive, et s'habituant au luxe et à la mollesse asiatique, déclina peu à peu, et ne sut plus maintenir son indépendance. Elle tomba sous le joug des Romains, qui firent de ce pays, jadis si fier de sa liberté, une province de leur vaste empire.

HISTOIRE MODERNE. — Lors de la décadence de la domination romaine, le siége du gouvernement ayant été transféré à Byzance, on vit naître un empire grec et chrétien qui fleurit pendant une longue série de siècles. Les Latins et les Turcs vinrent successivement affaiblir et détruire cet empire. La Grèce propre, la Morée et l'Archipel, eurent pour maîtres des seigneurs français, vénitiens, génois, jusqu'au 18.ᵉ siècle. Depuis ce temps, la nation grecque tomba dans un esclavage déplorable. Sous les Turcs, traitée avec mépris, elle perdit en grande partie sa civilisation. Son caractère national même se serait effacé, si la différence de religion n'avait élevé une barrière insurmontable entre les vainqueurs et les vaincus. Quelques peuplades, retranchées dans leurs montagnes, les Maniotes en Morée, les Souliotes en Epire et les Sphniotes en Candie, osèrent défendre leur liberté, tandis que leurs frères, courbés sous le despotisme des barbares, accablés d'impôts par les pachas, ne faisaient que gémir. Quelques insurrections partielles furent étouffées. La révolte, en 1814, devint générale : une guerre d'extermination ravagea la Grèce pendant dix ans, et, dans ce laps de temps, Athènes, Missolonghi et d'autres places fortes furent défendues, par les Hellènes avec un courage digne des beaux temps d'Athènes et de Sparte. Les puissances chrétiennes restèrent long-temps impassibles. Enfin, le 6 Juillet 1827, il fut résolu, par la France, l'Angleterre et la Russie, de s'interposer ensemble entre les Turcs et les Grecs, pour mettre fin aux calamités de la guerre. Les flottes réunies des trois puissances se rendirent dans les parages de la Grèce, et sur le refus des Turcs de reconnaître l'armistice, elles détruisirent la flotte Turco-Égyptienne, le 19 Décembre, dans le port de Navarin. L'assassinat du comte Capo-d'Istria, chef des Grecs, jeta dans de nouvelles dissentions, ce pays, auquel les trois puissances ont donné un roi dans la personne d'Othon I.er, fils du roi de Bavière.

§. II.

Géographie mathématique.

BORNES. — La Grèce est bornée, au nord, par la Turquie d'Europe; au sud, par la mer Méditerranée; à l'est, par l'Archipel, et à l'ouest, par les îles Ioniennes et par la mer Méditerranée.

SITUATION. — Elle est située entre le 35.e et le 40.e degrés de latitude septentrionale, et entre le 18.e et le 24.e degrés de longitude orientale.

ETENDUE. — Elle a environ 125 lieues de longueur sur 120 de largeur.

§. III.

Géographie physique.

CLIMAT. — Le climat de la Grèce est généralement doux; mais il est nécessairement modifié par ses localités : sur le Pinde, l'hiver est long et rude. Le printemps et l'automne sont, en ce pays, des saisons charmantes; l'été dessèche tout dans les plaines, et répand une chaleur étouffante dans les bas-fonds et dans les golfes; mais il a ses agrémens dans les vallées bien arrosées du Pinde ou de la Morée. L'hiver ne s'annonce point dans la Grèce par le deuil de la nature, précurseur des frimas et des neiges : à peine les premières pluies de l'automne ont-elles tempéré les chaleurs de l'été, que tout reprend une vie nouvelle : les fièvres cessent; les hommes et les animaux retrouvent leurs forces abattues par la chaleur; les herbes et les plantes renaissent; la terre se couvre de fleurs; les feuilles des arbustes reverdissent, et c'est seulement après le solstice d'hiver qu'un doux sommeil vient engourdir la nature : alors les ouragans bouleversent les forêts de l'Arcadie; des torrens de pluie tombent du ciel, et c'est là ce qu'on nomme l'hiver pour les plaines et les vallons de la Morée.

Sol. — Depuis la plus haute antiquité, la Grèce est renommée par la grande fertilité de son sol ; elle nourrissait autrefois un peuple nombreux, riche et commerçant. Dans l'Argolide et la Corinthie, la Thessalie et l'Arcadie, le blé rend treize pour un. Pendant les hivers doux, la végétation des grains est si rapide, que l'on fait brouter les blés naissans par le bétail, pour en arrêter la croissance. Dans beaucoup de contrées, des buissons de lauriers, de myrthes, etc. envahissent les compagnes incultes : des forêts de chênes, de diverses espèces, des bois d'une rare beauté revêtissent l'Olympe, l'Ossa, le Pélion, le Parnasse et l'OEta. La Grèce produit aussi tous nos légumes. La vigne est une de ses principales productions. Plusieurs îles de l'Archipel fournissent des vins délicieux. Le Malvoisie de l'Archipel, le raisin de Corinthe sont renommés. Dans toutes les provinces, les mûriers prospèrent : les vers à soie, lorsqu'ils sont traités avec soin, donnent une belle soie ; celle de la Morée alimentait autrefois les fabriques de Lyon.

§. IV.

Géographie politique.

POPULATION. — La population de la Grèce est évaluée à deux millions d'habitans.

QUALITÉS PHYSIQUES ET MORALES, USAGES DES HABITANS. — Les Grecs modernes, malgré leur mélange avec d'autres peuples, conservent encore plusieurs qualités du caractère des Grecs anciens : c'est un peuple vif, léger, spirituel, inconstant, dissimulé, superstitieux ; il aime sa patrie comme ses ancêtres, et l'on a vu dans la guerre d'insurrection, des traits d'héroïsme, d'audace et de ruse qui ont rappelé les traits fameux de l'histoire ancienne. On croit, en Grèce, aux présages, et on y a beaucoup de préjugés populaires, ainsi que d'anciens usages qui paraissent s'être conservés depuis le temps des Athéniens. Dans les montagnes, une partie des habitans se livrent impunément au brigandage, à l'exemple des Albanais leurs voisins : ces voleurs se font presque honneur du nom de Klephtes, sous lequel ils sont généralement désignés, et qu'ils se donnent eux-mêmes.

LANGAGE. — La langue des Grecs modernes dérive du grec ancien. Le peuple parle un langage beaucoup plus étrange que celui des hautes classes. Ce n'est qu'au commencement du 18.ᵉ siècle que l'on a employé le grec moderne pour les ouvrages littéraires, et l'origine de la littérature des Grecs actuels ne date que de ce temps.

RELIGION. — La religion des Grecs est celle de l'église orientale. C'est la religion chrétienne du rit grec. Les Grecs ont quatre patriarches, dont le premier, depuis le temps du bas empire, réside à Constantinople ; les autres sont ceux de Jérusalem, Antioche et Alexandrie.

CAPITALE. — La capitale de la Grèce est Athènes. Cette ville, célèbre dans l'antiquité par les grands hommes qu'elle a produits, n'était plus qu'une ville médiocre ; mais aujourd'hui on la reconstruit en partie. Fondée d'abord par Cécrops, sur la colline où l'on voit l'Acropolis, elle s'étendit ensuite dans la plaine. Cette partie est petite et sans défense, avec des rues étroites, irrégulières et mal bâties. Elle est le siége d'un évêque grec ; elle a plusieurs églises, des couvens et des bains publics. Dans le bazar on remarque une grande fontaine, alimentée par un aquéduc qui apporte l'eau du mont Himette. On trouve encore dans cette ville des monumens de son antique splendeur.

DIVISION. — La Grèce se compose de trois parties distinctes : 1.° la Grèce proprement dite ; 2.° la Morée ou Péloponèse ; 3.° les îles. (1)

---

(1) Voir, pour plus de détails, la Turquie d'Europe, page 266, et le tableau des îles.

PROPRIÉTÉ.

FIN.

TABLE DES MATIÈRES.

Avertissement, page 5

PREMIÈRE PARTIE.
Elémens de la Géographie.

CHAPITRE PREMIER.
Notions préliminaires.

Article premier. De la figure de la Terre; des Cartes géographiques; des quatre Points cardinaux, 9
§. I. De la figure de la Terre, 9
§. II. Des Cartes géographiques, 11
§. III. Des quatre Points cardinaux, 12
Article II. Des principaux Cercles de la Mappemonde; des Zones; de la Latitude et de la Longitude, 16
§. I. Des principaux Cercles de la Mappemonde, 16
§. II. Des Zones, 19
§. III. De la Latitude et de la Longitude, 20
Article III. Des termes généraux qui appartiennent à la Terre; des termes généraux qui appartiennent à l'Eau, 23
§. I. Termes généraux qui appartiennent à la Terre, 23
§. II. Termes généraux qui appartiennent à l'Eau, 25
Article IV. Des grandes divisions de la Terre, des grandes divisions de l'Eau, 28

§. I. Grandes divisions de la Terre, 28
§. II. Grandes divisions de l'Eau, 30

Chapitre II.

Aperçu général sur les cinq parties du Monde.

Article premier. Aperçu général sur l'Europe, 33
Article II. Aperçu général sur l'Asie, 45
Article III. Aperçu général sur l'Afrique, 54
Article IV. Aperçu général sur l'Amérique, 62
Article V. Aperçu général sur l'Océanie, 72

Chapitre III.

Abrégé de la Sphère.

Article premier. Des mouvemens vrais ou apparens du Ciel; des principaux Cercles de la Sphère; de l'Horizon; du Méridien; de l'Équateur; du Zodiaque; des deux Colures; des deux Tropiques; des deux Polaires, 78
§. I. Des Mouvemens vrais ou apparens du Ciel, 78
§. II. Des principaux Cercles de la Sphère, 80
§. III. De l'Horizon, 81
§. IV. Du Méridien, 83
§. V. De l'Équateur, 84
§. VI. Du Zodiaque, 85
Tableaux des douze signes du Zodiaque, 87 et suiv.
§. VII. Des deux Colures, 91
§. VIII. Des Tropiques, 92
§. IX. Des deux Polaires, 93
Article II. Des Astres; du Soleil; de la Lune; des Éclipses de Soleil et de Lune, 94
§. I. Des Astres, 94

§. II. Du Soleil, 97
§. III. De la Lune, 99
§. IV. Des Eclipses de Soleil et de Lune, 102
Article III. Des diverses positions de la Sphère; des Zones; de la Latitude et de la Longitude, 104
§. I. Des diverses positions de la Sphère, 104
§. II. Des Zones, 106
§. III. De la Latitude et de la Longitude, 108
§. IV. Des Climats, 110
Article IV. De l'usage du Globe artificiel et du Calendrier, 111
§. I. De l'usage du Globe artificiel, 111
§. II. Du Calendrier, 114
Calendrier Romain, 117
Calendrier Grec, 118
Mois des Athéniens, 119

SECONDE PARTIE.

Europe.

Introduction, 121
Population primitive, 122
Evénemens historiques, 123
Population, 126
Religion, 126
Bornes, 127
Situation, 127
Etendue, 127
Division, 128
Tableau de l'Europe, 129

Chapitre premier.

Contrées du Nord.

Article premier. Etats Suédois,	130
Section première. Aperçu général sur la Suède,	130
§. I. Géographie historique,	130
Nom ancien et moderne,	130
Population primitive,	131
Histoire,	132
§. II. Géographie mathématique,	132
Bornes,	132
Situation,	133
Etendue,	133
§. III. Géographie physique,	133
Climat,	133
Sol,	134
Aspect du pays,	134
§. IV. Géographie politique,	134
Population,	134
Qualités physiques, mœurs, usages des habitans,	134
Littérature,	135
Religion,	136
Capitale,	136
Division,	137
Tableau de la Suède,	138
Section ii. Aperçu général sur la Norwège,	139
§. I. Géographie historique,	139
Nom ancien et moderne,	139
Population primitive,	139
§. II. Géographie mathématique,	140

Bornes,	140
Situation,	140
Etendue,	140
§. III. Géographie physique,	140
Climat,	140
Sol,	141
Aspect du pays,	141
§. IV. Géographie politique,	141
Population,	141
Qualités physiques, mœurs et usages,	141
Religion,	142
Capitale,	142
Curiosités,	143
Division,	143
Tableau de la Norwège,	144
Article II. Aperçu sur le Danemarck,	145
§. I. Géographie historique,	145
Nom ancien et moderne,	145
Population primitive,	145
§. II. Géographie mathématique,	146
Bornes,	146
Situation,	146
Etendue,	146
§. III. Géographie physique,	146
Climat,	146
Aspect du pays,	147
Sol,	147
§. IV. Géographie politique,	148
Population,	148
Mœurs, usages,	148
Littérature,	148
Religion,	148
Capitale,	149

Division, 149
Tableau du Danemarck, 150
Appendice au Danemarck (Islande), 151
Découverte, situation, étendue, 151
Climat, 151
Sol, 151
Mœurs, 151
Capitale et curiosités, 152
Article III. Aperçu général sur la Russie d'Europe, 153
§. I. Géographie historique, 153
Ce qu'on entend par Russie d'Europe, 153
Nom, 153
Population primitive, 154
Histoire, 154
§. II. Géographie mathématique, 155
Bornes, 155
Situation, 155
Etendue, 155
§. III. Géographie physique, 156
Climat, 156
Sol, 156
Aspect du pays, 157
§. IV. Géographie politique, 157
Population, 157
Mœurs, usages des habitans, 158
Religion, 159
Capitale, 159
Division, 160
Tableau de la Russie d'Europe, 161
Article IV. Empire Britannique, 163
Section première. Aperçu général sur l'Angleterre, 164

(314)

§. I. Géographie historique, 164
Nom ancien et moderne, 164
Population primitive, 164
Histoire, 165
§. II. Géographie mathématique, 166
Bornes, 166
Situation, 166
Etendüe, 167
§. III. Géographie physique, 167
Climat, 167
Sol, 167
Aspect du pays, 168
§. IV. Géographie politique, 169
Population, 169
Mœurs, coutumes, usages, 169
Langage, 170
Littérature, 170
Religion, 171
Capitale, 171
Division, 172
Tableau de l'Angleterre, 173
Section II. Aperçu général sur l'Ecosse, 176
§. I. Géographie historique, 176
Nom ancien et moderne, 176
Population primitive, 176
Histoire, 177
§. II. Géographie mathématique, 177
Bornes, 177
Situation, 177
Etendue, 177
§. III. Géographie physique, 178
Climat, 178
Sol, 178

Aspect du pays,	179
§. IV. Géographie politique,	179
Population,	179
Mœurs, usages,	179
Littérature,	180
Religion,	180
Capitale,	181
Division,	181
Tableau de l'Ecosse,	182
SECTION III. Aperçu général sur l'Irlande,	184
§. I. Géographie historique,	184
Nom ancien et moderne,	184
Population primitive,	184
Histoire,	185
§. II. Géographie mathématique,	186
Situation,	186
Etendue,	186
§. III. Géographie physique,	186
Climat,	186
Sol,	186
Aspect,	187
§. IV. Géographie politique,	187
Population,	187
Mœurs et coutumes,	188
Littérature,	189
Religion,	189
Capitale,	190
Division,	190
Tableau de l'Irlande,	191

CHAPITRE II.
Contrées du milieu.

ARTICLE PREMIER. Aperçu général sur le royaume des Pays-Bas, 193
§. I. Géographie historique, 193
Nom moderne, 193
Histoire, 193
§. II. Géographie mathématique, 195
Bornes, 195
Situation, 195
Etendue, 196
§. III. Géographie physique, 196
Climat, 196
Sol, 196
Aspect, 197
§. IV. Géographie politique, 198
Population, 198
Mœurs, usages, 198
Religion, 200
Capitale, 200
Division, 201
Tableau des Pays-Bas, 202
ARTICLE II. Aperçu général sur l'Allemagne, 203
§. I. Géographie historique, 203
§. II. Géographie mathématique, 205
Bornes, 205
Situation, 205
Etendue, 206
§. III. Géographie physique, 206
Climat, 206
Sol, 206
Aspect du pays, 207

§. IV. Géographie politique, 207
Population, 207
Qualités physiques, mœurs, usages, 207
Religion, 208
Capitale, 208
Division, 209
Tableau des États de la Confédération Germanique. 210
ARTICLE III. Aperçu général sur la Prusse, 213
§. I. Géographie historique, 213
Noms, 213
Histoire, 213
§. II. Géographie mathématique, 215
Bornes, 215
Situation, 215
Étendue, 215
§. III. Géographie physique, 215
Climat, 215
Sol, 216
Aspect du pays, 216
§. IV. Géographie politique, 216
Population, 216
Mœurs, usages, 216
Religion, 217
Capitale, 217
Division, 217
Tableau de la Prusse, 218
ARTICLE IV. Aperçu général sur la Pologne, 219
§. I. Géographie historique, 219
Nom ancien et moderne, 219
Histoire, 219
§. II. Géographie mathématique, 220
Bornes, 220

Situation,	220
Etendue,	221
§. III. Géographie physique,	221
Climat,	221
Sol,	221
Aspect,	222
§. IV. Géographie politique,	222
Population,	222
Mœurs, usages,	222
Religion,	223
Capitale,	223
Division,	223
Tableau de la Pologne,	224
Article v. Aperçu général sur la France,	225
§. I. Géographie historique,	225
Nom ancien et moderne,	225
Histoire,	225
§. II. Géographie mathématique,	227
Bornes,	227
Situation,	227
Etendue,	228
§. III. Géographie physique,	228
Climat,	228
Sol,	228
Aspect du pays,	229
§. IV. Géographie politique,	230
Population,	230
Mœurs, usages,	230
Langage,	231
Littérature et beaux-arts,	231
Religion,	233
Capitale,	233
Eglises,	234

Hôpitaux, 234
Ponts, 234
Bibliothèques, 234
§. V. Division de la France, et ses principa-
les Villes, 235
Tableau comparatif des anciennes et des
nouvelles divisions de la France, 237
Article VI. Aperçu général sur la Suisse, 242
§. I. Géographie historique, 242
Nom ancien et moderne, 242
Histoire, 242
§. II. Géographie mathématique, 243
Bornes, 243
Situation, 243
Etendue, 243
§. III. Géographie physique, 243
Climat, 243
Sol, 244
Aspect du pays, 244
§. IV. Géographie politique, 245
Population, 245
Mœurs, usages des habitans, 245
Langage, 246
Religion, 246
Capitale, 246
Division, 247
Tableau de la Suisse, 248
Article VII. De l'empire d'Autriche, 249
Section première. Aperçu général sur l'Au-
triche, 250
§. I. Géographie historique, 250
Nom ancien, Histoire, 250
§. II. Géographie mathématique, 251

Bornes,	251
Situation,	251
Etendue,	251
§. III. Géographie physique,	251
Climat,	251
Sol,	252
Aspect du pays,	252
§. IV. Géographie politique,	253
Population,	253
Mœurs, usages des habitans,	253
Religion,	254
Capitale,	254
Division,	255
Section II. Aperçu général sur la Bohême,	256
§. I. Géographie historique,	256
Histoire,	256
§. II. Géographie mathématique,	256
Bornes,	256
Situation,	257
Etendue,	257
§. III. Géographie physique,	257
Climat,	257
Sol,	257
Aspect du pays,	257
§. IV. Géographie politique,	258
Population,	258
Qualités physiques, mœurs, usages,	258
Religion,	258
Capitale,	258
Division,	259
Section III. Aperçu général sur la Hongrie,	259
§. I. Géographie historique,	259
Histoire,	259

§. II. Géographie mathématique, 260
Bornes, 260
Situation, 260
Etendue, 260
§. III. Géographie physique, 261
Climat, 261
Sol, 261
Aspect, 262
§. IV. Géographie politique, 262
Population, 262
Qualités physiques, mœurs, usages, 262
Religion, 263
Capitale, 263
Division, 263
Tableau de l'empire d'Autriche, 265

Chapitre III.

Parties du Sud.

Article premier. Aperçu général sur la Turquie d'Europe, 266
§. I. Géographie historique, 266
Population primitive, 266
Histoire, 267
§. II. Géographie mathématique, 268
Bornes, 268
Situation, 268
Etendue, 268
§. III. Géographie physique, 268
Climat, 268
Sol, 269
Aspect du pays, 269
§. IV. Géographie politique, 270

Population, 270
Mœurs, usages, 270
Religion, 272
Capitale. 272
Division, 273
Tableau de la Turquie d'Europe, 274
Iles voisines de la Turquie d'Europe, 275
ARTICLE II. Apercu général sur l'Italie, 276
§. I. Géographie historique, 276
Division et nom, 276
Population primitive, 277
Histoire, 277
§. II. Géographie mathématique, 278
Bornes, 278
Situation, 278
Etendue, 279
§. III. Géographie physique, 279
Climat, 279
Sol, 279
Aspect, 279
§. IV. Géographie politique, 280
Population, 280
Mœurs, usages, 280
Religion, 281
Capitale, 281
Division ancienne et moderne, 282
Tableau de l'Italie ancienne et moderne, 283
ARTICLE III. Apercu général sur l'Espagne, 284
§. I. Géograhie historique, 284
Nom, 284
Population primitive, 284
§. II. Géographie mathématique, 287
Bornes, 287

Situation, 287
Etendue, 287
§. III. Géographie physique, 287
Climat, 287
Sol, 288
Aspect, 288
§. IV. Géographie politique, 289
Population, 289
Mœurs, usages, qualités physiques, 289
Religion, 290
Capitale, 290
Division, 291
Tableau de l'Espagne, 292
ARTICLE IV. Aperçu général sur le Portugal, 293
§. I. Géographie historique, 293
Nom ancien et moderne, 293
Histoire, 293
§. II. Géographie mathématique, 294
Bornes, 294
Situation, 294
Etendue, 295
§. III. Géographie physique, 295
Climat, 295
Sol, 295
Aspect, 295
§. IV. Géographie politique, 296
Population, 296
Qualités physiques, mœurs, usages, 296
Religion, 297
Capitale, 297
Division, 297
Tableau du Portugal, 298
ARTICLE SUPPLÉMENTAIRE. Aperçu général sur la Grèce, 299

(324.)

§. I. Géographie historique,	299
Histoire ancienne,	299
Histoire moderne,	300
§. II. Géographie mathématique,	302
Bornes,	302
Situation,	302
Etendue,	302
§. III. Géographie physique,	303
Climat,	303
Sol,	304
§. IV. Géographie politique,	305
Population,	305
Qualités physiques et morales, usages des habitans,	305
Langage,	306
Religion,	306
Capitale,	306
Division,	307

FIN DE LA TABLE.

LIBRAIRIE DE J.-M. CORNE

ENSEIGNEMENT PRIMAIRE

LECTURE ET RELIGION.

ALPHABET, pour apprendre à lire en peu de temps.
IMITATION de Jésus-Christ, par Beuil.
CATÉCHISME.
HISTOIRE SAINTE, par demandes et réponses.
CATÉCHISME historique, par Fleury.
HISTOIRE du vieux et du nouveau Testament.
ÉVANGILES.
DEVOIRS DU CHRÉTIEN.
PSAUTIER, pour apprendre à lire le latin.

LANGUE FRANÇAISE.

GRAMMAIRE FRANÇAISE de Lhomond, méthode simple et facile pour apprendre à parler, à bien distinguer et à bien écrire les mots de la Langue française.
VOCABULAIRE, réunissant tous les mots de la Langue française, avec leurs acceptions et leur prononciation d'après l'Académie et les meilleurs Auteurs.
GÉOGRAPHIE, ou Description des différens lieux de la terre.
HISTOIRE des peuples en général.
HISTOIRE DE FRANCE en particulier, qu'il est honteux d'ignorer.

RAISONNEMENT.

TRAITÉ complet d'Arithmétique, etc. etc.
MANUEL de l'Agriculteur.
MANUEL du Commerçant, etc. etc.
TENUE DES LIVRES, ou Méthode pour bien régler ses propres affaires, etc. etc.

www.ingramcontent.com/pod-product-compliance
Lightning Source LLC
Chambersburg PA
CBHW070626160426
43194CB00009B/1378